没人比我
更懂 你

某顺 著

北方妇女儿童出版社
长 春

目 录
contents

前　言　001

第一辑
只有懂得，才能洒脱——活出你爱的自己　001

某顺三八节随想　002
女人能够做什么　009
强大不是纸上花　014
女人要经得起泡　019
你是女人你不懂　022
挑男人实用攻略　029
女人不能说的事　036
不爱自由就结婚　041
谁睡谁有甚要紧　045
转正三不是好三　048
缘分别不过命运　051
如何对付第三者　054

第二辑
爱也真心，不爱也实意——一问对错你就错　061

真心男人是啥样　062
男人的行为解读　066
男人的出轨征兆　073
男人深情对美女　078
最讨厌男人榜单　083
有些男人不能碰　087
无止境的马拉松　092
婚内和婚外关系　095
甩掉男人的办法　098
甩掉女人的办法　102

第三辑
若非天堂，即是地狱——谁的人生谁做主　107

存天理不灭人欲　108
婆婆就是路人甲　112
他妈真不是你妈　116
靠谱丈母娘典范　121
女性生二胎须知　125
二胎不能为生儿　130
爱惜你家小棉袄　133
写给单亲妈妈们　135
写给未婚妈妈们　140

第四辑
爱美之心，人皆有之——做个精装版女人　147

  为啥你的哥们多　148
  美人都有啥待遇　153
  做个美人有多跩　158
  男人为啥不撩你　163
  都谁觉得你不丑　167
  她从婆娘变女神　172
  美是一生的功课　176
  内外兼修才最美　179

第五辑
摸索前进，跌倒爬起——我和世界爱着你　183

  苦口顺心大力丸（一）　184
  苦口顺心大力丸（二）　194
  苦口顺心大力丸（三）　204
  苦口顺心大力丸（四）　215
  苦口顺心大力丸（五）　224
  苦口顺心大力丸（六）　233
  苦口顺心大力丸（七）　242
  苦口顺心大力丸（八）　250

前言

半个多世纪前丁玲的《三八随想》，已经写得够全面够带劲了，所以这些年一到三八节前，某顺作为女利主义代表，都以为看看丁玲的旧文也就算了，用不着再写什么新文章，反正再写也跨不过那些旧内容（宣讲自立自强自信自爱）。当然这也可能是我给自己的懒惰找借口，因为我确实年年三八节也没休息，都在如常工作中，把丁玲当作挡箭牌一辈子不做三八节反思，也没什么大不了，至少我没写新版"三八随想"，国产妇女的天空也没有因此塌下来。只是我内心还有遗憾，想写的时候不方便写，不想写的时候被逼无奈写，这是很多作者的遗憾。为避免年年三八都颗粒无收，某顺今年（2018年）初就决定了，今年必须出炉某顺版"三八随想"，为了我爱的和爱我的婆娘们。于是乎，现在，我就开工了，心情比之前预测的要轻松愉悦得多。很好的开头送给所有婆娘，包括我自己。

　　身为女人，尤其是身处泱泱文明大国，传统文化和固有思维已渗透进我们的血脉，任我们再怎么挣脱，自以为是"全盘西化"，哪怕吃的用的玩的乐的都是进口货了，"我心依然是中国心"。不管她是"50后""60后"，还是"70后""80后"，这一点是端端地没有丝毫改变，具体表现在中国女人的传统婚恋观里还根深蒂固：年轻时眷恋成熟男人，嫁人时一心白头到老，生了娃就想为娃赴汤蹈火（不到万不得已是决不离婚），成了家就认为女人更重要的角色是贤妻良母，而非事业翘楚、社会精英；小时候自觉自愿地关心男同学和亲友中的哥哥弟弟（以此为美德），长大了不知不觉地照顾老公男友和所有接近的男性（包括男同事男同学），有了孩子后更是成了孩子甚至孩子的孩子的免费保姆和提款机……内内外外女人们都像一头兢兢业业的孺子牛。要说女人都高尚到没有"索取回报的念头"，也不对，只是女人们的付出和回报总不对等，所以她们岁数越大，离幸福越远，无止境的付出使女人绝望地发现，原来两性从来没有完全平等过。

某顺这里提到的四个时代，"50后""60后""70后"和"80后"的女性都差不多，90后女性行为上有开放、思想上有提升，但只要进入婚恋环节，只要和男人"一挂钩"，母性光辉就自然绽放，付出又成了她们人生的主要任务。今年最早一批"00后"也成年了，某顺以为她们照旧跳不出性别的樊笼，血脉传承的内容已复制进每个人的细胞膜内，即便曾经比我们进步了几十年的西方世界的妇女，也一样遭遇性别意识所带来的各种束缚，这点可以从欧美很多家庭妇女全权包揽所有家务和抚育孩子上看出。（某顺不是说女性不能做家庭妇女，而是女性一旦做了家庭妇女，很容易被社会、被朋友圈边缘化，陷入一个疲劳却得不到同情、报偿还十分有限的死局：男人内心瞧不起你，孩子真心不佩服你，你跟其他同龄人有社交障碍——你空闲的时候人家都在忙，你忙的时候人家也帮不上你；而且因为没收入，伸手和男人要钱就免不了态度低三下四，即便男人挣钱再多，你依然是个花钱没底气的人，就因为钱不是你挣的——自己的钱才能随意花，不是自己的钱，怎么随意得了。这里不要跟我提什么夫妻共有财产，即便是共有财产，对方如果限制你花他挣来的钱，你也毫无办法。）

你可能会说，多数女性并不是单纯的家庭妇女，她们自己有收入、有工作，还能顾及到家和孩子——此话属实，只是这多数内外兼顾的妇女，比纯家庭妇女要累多了。家里家外都要扛、还能都扛好的女人，并不多，绝大多数"里外一肩挑"的妇女都是苦不堪言的，她们哪有时间保养自己，她们哪有精力提升自己？她们白天在单位和男人拼体力，晚上回家和孩子耗气血，中间得闲她们还要照顾爹妈和男人。她们已经倾尽所能，却还是不能赢得掌声四起，为什么？因为她们确实把自己分摊在太大的场地上、做了太多分散精力的事儿。齐头并进、一心多用，对多数人都是无法完成的任务，何况她们只是普通资质的女性，她们因此没法成为一个伟大的母亲或了不起的巾帼女强人，她们甚至连男人的心都攥不牢，因为她们没工夫没力气再去研究如何"魅惑男人"了。这一切的一切，说起来并不是谁的错，因为男人并没要求女人成为这样的女人，可你不成为这样的女人，好像又没有其他模板供你参照学习。此处别提范冰冰之类，她们凤毛麟角，不足以成为普通女性的奋斗目标。

现在问题来了，女性最大的困扰竟然来自"女性应该有怎样的人生"，而不是"女性该怎么生活"。后者可以慢慢磨炼，属于操作问题，而前者是方向问题，方向一旦错了，你再怎么操作，离幸福美好的目标只会越来越远。

近年来每到三八前夕，无论自媒体还是媒体都在叫嚣"女人要好好爱自己"。关于爱自己这个说法最早还是某顺提出的，所以思想本身没错，只是思想延伸出来的方法总停留在"买买买"和"花男人钱"这种建议上，别说男人不乐意了，连有思想高度的女人也觉得可笑，因为幸福并不是买出来的,虽然幸福没钱不行。鉴于某顺之前写过如《女人不能做什么》之类大批启发女性幸福认知的文章,为避免雷同重复,借 2018 年三八节写随想之际,某顺要给各位再设计一种可能更靠近幸福的女性生活方式:摒弃传统的新程序。

某顺

2018 年 3 月 8 日

第一辑

只有懂得,才能洒脱——

活出你爱的自己

某顺三八节随想

从 2005 年初网上开启免费咨询工作算起,某顺从事婚恋咨询行业已经十多年。不说荣誉,不说闹心事,只说我对妇女和人性的了解,应该是你所知道的人中最全面最深刻的了。这得感谢十多年来无数网友的信任,每天长短大小几十个的咨询,让某顺有机会认清和掌握中国婚恋的现状以及中国人的品性。单纯用"好"或"不好"来形容中国人的婚恋及中国人的特点,都不够客观。这么说吧,经常有人问:"顺姐,你洞悉人性后是不是很绝望?""顺姐,你看了这么多辜负案例后还相信爱情吗?"我的回答都是:不,**了解人性后我更容易原谅所有人,知道会有辜负后我更在意爱情存在时的珍贵**。——亲爱的你们,某顺想说的是:不能因噎废食,不能指望天下人都对得起你,不能放弃向前、向上、向明亮阳光处走的初衷。

其实,不论男人女人,都有差不多的人性:都喜新厌旧,都口是心非,都过河拆桥,都忘恩负义——这些人性弊端,有的人可以自控,

顾全大局是我听过的最扯淡的理由,谁的大局?自己的幸福就是最大的大局。@蜈蚣大仙

用道德用情操用颜面用惧怕来控制它的发生，更多人是无法自控的，那就只能任由人性之丑陋时时爆发在自己身上了。比如婚恋，出轨是喜新厌旧的必然，撒谎是口是心非的必然，抛弃是过河拆桥的必然，侮辱是忘恩负义的必然，这样想想，妇女同志们还能那么忌恨男人眼前或以前、以后的出轨吗？某顺不会鼓动妇女们出轨，但某顺要告诉妇女们：别羡慕嫉妒恨男人，他做的，你也做得了，这没什么稀罕的，况且你们已经悄悄做了（我干这行我知道）；而他做不了的，你做了，你才是真牛。

那么什么才是男人做不了的呢？——做一个让男人都仰视都赞许的大写的女人，如何？

很多女人如今还幻想找男人是找终身所依，这是妇女们的第一个误区。你们要明白，如今的男人多半是"不经靠"的，因为他个人能耐有限，还因为社会福利完全跟不上、他一人承担不起养家养娃的重任，你想靠着他，岂不是难为死他？是，还有少数男人养得起女人、能让你倚靠，然而，大家都懂得，中国男人但凡有点钱财势力的，都日夜怀念并奋勇复制他祖上的美好时光：他妻妾成群，你受得了吗？即便法律严禁重婚纳妾，可是，他明着只有一个老婆，暗着小蜜二奶加情人性伴一大摞……你告诉我，经济精神肉体压力都无比大的他，

|鱼粉|
|妙评|

没摔过跟头的人，别人给你讲不摔跟头秘籍也没啥用，多摔几次就知道怎么做才摔不着了。@我的昵称素心儿

还能让你怎么倚靠？所以，某顺在三八节的第一个建议是：**放弃对男人的倚靠心**，因为你已经没人可靠了！

靠自己，当然累，谁也不是傻子，谁不想借力于他人？但没有可靠之人的时候，你也只有靠自己。当然，在庸俗的时代，靠自己的女人容易被庸俗的人看不起，不要紧，你靠自己一段时间后你就会发现，你已把看不起你的人都甩出老远。每个人都有未开发的未知能耐，你在暴风雪来临前就壮大了自己，你想想将来的你还会怕什么？有的婆娘说"靠自己很无力"。呵呵，你没那么弱好吧，撑撑就过去了，再撑撑你的整体素质就上来了，你就不再以为自己无依无靠是有多么惨，而只会越来越得意于自己能谁也不靠地屹立在尘世中，且越站越扎实、越立越高大。练过形体的都知道，**刚学习挺胸抬头收腹开肩的姿势时是好累，但只要你习惯了新姿势，你的肢体有记忆了，就丝毫感觉不到累了**。人的可塑性太强了，你要试着做力所能及的努力，在经济和精神两个方向坚持靠自己，你就会很快适应和喜欢上独立自主的自己。牛人之所以牛，一定不是被人托举扶持的。

某顺在三八节的第二个建议是，要自尊自爱。好多女人的"没男人会死"病实在是太重了，就算她经济上从不用男人接济，就算那个男人无数次辜负她、恶心她，她还是离不开他。某顺曾用"上辈子

人性都是贪婪的。一本正经的人，极少数是修为到了、看透了，多数树立形象因顾虑后果。如果对自己的正面意义大于负面，谁乐意做苦行僧。@曾经帅呆过

他埋过你"来形容女人这种不计回报的贱,真是无药可救无计可施的贱。而且离不开男人的女人往往还这么说:"他性能力也不强……他家人都对我不客气……他从来不关心我不体贴我……他挣的钱也不给我……他对我态度极差……"哦,他哪儿哪儿都不好,你还离不开他?你其实就想说明一件事呗:除了他也没其他男人要你了。既然你对自己的判断如此低,那就别再继续说他不好了成吗?男人不爱你,你都不放弃他,这是典型的缺乏自爱;男人怎么糟践你,你都不离开他,这是典型的自尊沦丧。没有自尊和自爱的女人,咋还可能有幸福?怨妇的练成,就是从自尊自爱全被踩脚下开始的。

男人不爱你,你也不爱自己了……这是多么惨的人间悲剧!可惜很多女人还乐在其中,并美其名曰"珍惜过去的感情和维持现在的婚姻"。好吧,你那昙花一现的爱情就好好珍惜着,你那变质变形的婚姻就好好维持着,你选择了受折磨,就应该叫好才是,而不该再叫屈了。《婚姻法》确保每个人来去自由,你看不上他,可以不嫁,你不想离婚,可以忍着。好的下家还没出现,你憋着忍着都正常,但"任劳不任怨"或"任宰还哭嚎"就不对了,任何时候都不要忘了,你选择的,你就得承担。你可以好好爱自己的,离开你不信任也不爱你的人,没你想象的那么难,如果你是一个前文所述的完全靠自己的女人,你岂会害怕与男人分离?没有自强自立,就没法自尊自爱,这是一脉

鱼妙粉评

女人在婚姻里奢求的,从来都不是一两样。@鲁溪楠

相承的，如同你不锻炼就想要个魔鬼身材，做梦呢。

当女人足够自强自立，也足够自尊自爱了，尔后你要学会的是享受人生，对自己好。**"对自己好"包括：关注自己的身体，爱惜自己的声誉，尊重自己的内心，实现自己的理想。**

你的身体健康是你继续以大写姿态屹立在人世的保证，你必须好好地照顾和关爱自己，哪怕有人因此说你娇气矫情都无所谓，因为你比说你的人重要得多，他哪懂你的个人价值。

群众口碑事关你将来的前程，所以对自己好的女人绝不可轻易搅和是非，一旦误入是非堆，也得立刻挣脱和远离，避免将来你在上升通道中被旧相识阻击坑害，从而影响你的上升速度。

人在群居社会里生存，有时会不得不应承一些自己不想做的事，这些事多数是对你本人没好处的，但你碍于面子接受了任务，然后你就有了一系列的难受……亲，你可以试着说不，勇敢地说不，第一时间说不的，因为多数人是"你帮了他，比你拒绝帮他，还可恶"——人性就是这么无奈和丑陋：多数人是不记恩、只记仇的。所以你绝对应该在第一时间拒绝你不想帮的人和不想做的事，而不是勉为其难地

人的天性便是这般凉薄，只要拿更好的来换，一定舍得。@似是故人来1

为他鞍前马后，再被他骂没尽心尽力或别有用心。另外，尊重自己的内心感受，还包括相信自己的直觉，鉴于篇幅不再赘述。

有没有理想，关系到未来的你能走多远，但理想又不能是空泛的，否则你也不知道该往哪里走。我建议每个妇女都设置一个远期理想和N个近期理想。远期理想可以是"成为自己满意自己期待的那个人"。近期理想不要设得太离谱，要落足于脚下，要因地因时制宜，比如，近期理想是减肥20斤或考出注会或今年嫁掉（有机会实现的就是近期理想），这就很现实；反之，若你当下还一无所有，你的近期理想却是两年内买房，那你就只能把理想当梦想了。梦想一般实现不了，你要控制梦想的次数，以免成为空想家。

在独自前行的辛苦又必须的路上，你时刻会碰到来自方方面面的挑战，有时是亲友们因关心而赋予你的压力（要求你嫁人、要求你生娃、要求你维持婚姻、要求你牺牲自我），此刻你要心中有数，千万别妥协。记住，只要你成功了，只要你经济上能傲视群"雌"、社会地位高于一般人，你嫁不嫁人、生不生娃、离不离婚、做不做家务，你的亲友都能谅解你。因为人们的普遍认知是，如果你事业不成、挣钱无力，你还不老实嫁人、乖乖做贤妻良母吗？你要是不想为家庭为男人付出那么多，那就鼓鼓劲儿、变成不用伺候人的巾帼女强人好了，

鱼粉妙评

　　恋爱中的女人，别人跟她讲什么都没用，她都会觉得那是在阻止她找到幸福生活，祝福她吧，只要不给钱就行。@再见旧时光

某顺以自己的经历向你保证：没你想象的那么难，不过是坚持和勤奋而已。当然，想怎么活，就怎么活，前提是走哪条路更适合你。

　　嗯，以上是某顺的三八节随想。顺便声明，某顺从不认为自己是男权或女权分子，理论和实践上某顺都只是一个人权捍卫者。我爱自由，我爱这世间美好的一切，我要享受生命和法律赋予我的，我要摒弃那些原本可以忽略与甩掉的，我要做春天的使者，我要让追随我的婆娘们都能看见更美好的明天。

　　还年轻，看不穿。内心没勇气力量去打破现状，等有能力回头青春又荒芜一片。@用户 jemzrx05fd

女人能够做什么

女人能够做什么,是某顺研究两性婚姻家庭情感等问题十多年来经常会有的思考。众所周知,某顺的工作对象(咨询者)有八成是女人,正因为案例无数,我才对女人这个种群有了深刻的认识,我才经常有写一篇"框架式指路文"的冲动,因为太多女人的痛苦都来自她们本身,而非她们声讨的男人:若你从小到大就没做对几次,你还怎样幸福?在这个约定俗成的社会,有些事可为、有些事不可为,你每次挑战公序良俗、做了你本不该做的事,你还如何拥有顺畅的人生?某顺在工作中发现,女人之所以频频出错,跟家教环境有关,没有正确的指引,本身又头脑不灵光,当然在蒙昧无知中就错误连连了。

某顺替糊涂而倔强的女人们思考了很久,有以下提议,希望妇女朋友们都能接受并尽力执行,因为这些内容是某顺从"替人纠错"的工作中总结出来的核心,它值得你重视,它能帮你找到通往美好生活的出路——

如果婚姻就是搭伙过日子还不如不结。毕竟我妈生我出来不是跟别人搭伙生孩子的,与其搭伙生孩子还不如找个靠谱的人搭伙做生意呢。@一姗庚比一姗高

1. 青春年少时要选自己喜欢的人谈恋爱。年纪轻轻的你，可能会被物质诱惑，可能会被虚荣控制，可能会随波逐流，可能会找不到方向，但你的一生中至少应该有一次纯真无邪的感情，那么就把这段童话般的感情交给青春期的你吧。嗯，年轻时要恋爱也只恋那些青春俊美对你好的男生，而不是某个家里有钱或他自己有俩钱，相对你而言的丑、老、傻、霸道的男人。

2. 爱惜自己的身体，坚持使用安全套。不论你是未婚小姑娘，还是已婚老婆娘，在和对方没有领结婚证以及不确认对方是否就你一个性伙伴的时候，只要发生性关系，都必须戴套。大家都知道妇科病多数来自性生活，性病也如此，甚至导致宫颈癌的 HPV 感染也与性活动有关。所以，为了你自己的健康，也要坚持让男方戴套。他说没感觉就没感觉去，你不用为了讨好男人就牺牲自己的健康。

3. 选择合适的结婚对象，重视门当户对原则。不考虑婚姻的恋爱你可以"不拘一格降人才"，但如果你想结婚了，还是得认真择偶。不要高攀或屈就，不要硬嫁不喜欢你的人，不要忽略婚前出轨，不要小看他父母对你的轻视；尽量避免投奔，避免插足，避免找情伤严重的人，避免做后娘，避免嫁进不喜欢你的人家，避免跟各方面都有差距的人结

有没有勇气开始新的生活，这跟自己的实力有关系，生活有能力就改变，没有能力就将就。@fener 的生活

合。做到这些并不难，因为人群中肯定有和你差不多条件的异性，你只需要耐心等待和寻找，而一旦嫁了我不让你嫁的这些人，你要不了三年就会变成走到哪儿说到哪儿的怨妇。

4. 婚前婚后都不要忘了血亲。不要跟爹妈索要大笔嫁妆，不要为你男人所谓的事业就向娘家众多亲友举债，不要跟兄弟姐妹攀比对娘家的贡献，不要嫌爹娘不给你看孩儿。你已长大成人，你嫁好了，爹妈跟着享福的概率是有；但你嫁不好，爹妈最后收容你甚至你娃的概率更大。所以不能让男人睡出高潮就忘了爹娘是血亲，不该再被你利用和索取。婚后买房最好不要跟娘家借钱，买得起就买，买不起就先不买，何必让爹娘几十年积蓄变成你夫妻的共有财产？有的女人计划房贷还完再还娘家的钱，可惜她的婚姻能不能撑到房贷还清且难说呢，让娘家的钱处于风险中是不是太傻？

5. 好妈妈要做，了不起的女人更要做。太多女人因为母爱而忘了自我，太多女人把孩子当成自己一生的唯一成绩，某顺最不喜欢女人活得如此本末倒置。你首先得是个出色的人，有良好的外在、有出众的成就、有挣钱的能耐，你才会是孩子眼里了不起的、永远不落伍的妈妈，否则，你把孩子伺候得再舒服、你再用心地盯孩子学习，他都不认为你是最好的妈妈、他也不会很听你的话。因为孩子也具有人性，

鱼	粉
妙	评

婚姻生活长久下去本来就是鸡肋。如果互相都已经不愿意面对，就应该分开。如果不敢，那就学会放低期望，在平凡里寻找快乐。自己纠结就是受罪。@我是一邪到底的KIKI

人的本能都是投靠强大者的，**你只甘心做一个好保姆，就别幻想孩子能真正尊重你。**努力工作、努力挣钱、努力变成孩子上进的榜样，才是你的本分，孩子会在你的影响下变成一个勤奋懂事的好学生，最后你轻松，孩子也成长了，这样的母子关系才会更紧密更和谐。

6. 爱自己永远重于爱男人。这方面的内容某顺在过去写了太多，本文不再赘述，只提醒妇女同学：男人会离开你，你永远不会离开自己，嗯，那就对永远不离开你的自己使劲好吧，对自己再好也应该。你们且放心，男人没有因为女人自爱就离开女人的，男人只会因为女人丑、女人老、女人没钱、女人总管着他而想换新的。你对他的好，其他女人也做得到，但如果你丑你老你没钱你还总管他，他当然必然肯定会想踹了你。因此，你且听某顺的话吧：他的钱你能花上时，就使劲花他的钱捯饬你自己，他的钱花不上了，你就拼命自己挣钱给自己花吧。

7. 学习、旅行、扮靓、社交、锻炼，一个也不能少，不要做下班就足不出户、只知道摆弄家务和孩子的黄脸婆。为了让孩子尊敬你喜欢你，为了让男人不舍得换掉你，更为你自己能春风得意朝气蓬勃地活着，你也应该做一个不是那么"贤淑"的反传统女人。记住，这个世界始终是崇尚成功的，而人们意识里的成功者并不包括"贤妻良

鱼粉妙评

　　论不建议婚前性行为的重要性。婚前睡腻了就不要了，要是婚后睡腻了不要了，最起码还能给他打个二婚的烙印和瓜分家产的心痛。@沽酒向梅边

母"，虽然这观念俗不可耐，但某顺还是愿意冒着被攻击的风险对你们大声说：**不要做家庭妇女、不要做传统妇女、不要做男人背后的女人**。因为历史已然证明，你只有成为顶天立地的大女人，才能获得你想要的一切，甚至你根本想不到的一切，都会因为你态度的改变而慢慢走近你。美好生活靠自己。

最后，某顺想说的是，就我接触到的男性来说，他们同样支持和赞美女性的独立自强，所以本文是写给所有没有主心骨的女人的，也是写给所有支持女性精神经济双独立的男人的。男女平等，必须是精神追求先平等。

鱼粉妙评

缺德的事还是留给胆子大的人做吧，人应该对生命保持敬畏之心才是。
@蒋家媳妇儿CC

强大不是纸上花

免费树洞里经常有咨询者哭诉"备受欺凌",某顺的答复都只有一个:强大起来。大概你们听某顺说强大都听够够的了,但某顺还是要认真地再告诉你们一次,除了强大自己,这世上真没有其他办法可以救你出低谷。

每个人都有从低到高的曲线图,生下来就富贵的人少之又少,基本不能作为参照指标,你只能跟周遭的普通人比境遇。但当你的眼睛自带雾霾时,你就会觉得老天对谁都好,偏偏对你不好——这绝对是你的偏见和蒙昧。因为,你觉得比你好过的那些人,只是你没看见他们的闹心事儿而已;而且你也没看见他们的努力,你就断言他们没你付出的多,这是真正的一叶障目。

说你不够努力,你肯定不承认。你会说你也按时上班了、你也认真学习了、你也付出了很多,可老天还是安排你在苛刻的老板手下、

鱼粉妙评

感情里哪里能分得清对错?离婚是为了让自己往后的日子过得更舒心,而不是用来惩罚别人。@胆子很小的喵

还是让同事同学比你如鱼得水比你爬得快、还是让你笼络不住你想笼络的人……

亲爱的亲,你确实上班了,可惜你上班从来都是应付老板,而不是把工作当作你最好的饭碗来敬畏和珍惜,老板能看不见这一切吗?没人愿意给不敬业的员工提供上升渠道;你也确实学习了,可惜你的学习没有你的竞争对手们出色,所以人家始终跑在你前面,你始终觉得不公平;你也确实付出了,可惜你的付出要么没达到人家的需要量、要么完全不是人家需要的,如此,你还让人家怎么感激你?

千真万确,某顺四十多年来基本没见过天才,顶多有些人在某方面有天赋吧,但糟蹋掉天赋的人也比比皆是。多数要风得风要雨得雨的成功者(请原谅此处某顺引用了俗世成功概念),都经历了超越常人的付出和努力,他们的起点和你一样低,甚至比你还低,他们怎么获得成功的呢?某顺看见的都是血和泪,一步一个艰辛的脚印,只是他们自己懒得说罢了。有些负能量"段子"只告诉你,谁谁的爹是谁,所以谁谁才有了今天,但不告诉你,有好爹的未必至今还能趾高气扬,要不然民间怎会有"富不过三代"的说法。

我的一个朋友,一年出差 300 多天,剩下不到 60 天他还是每天

鱼粉妙评

自己无力克服就借助外力,必须学会合理调动一切资源为己所用。@曾经帅呆过

最后一个离开办公楼的人；我的另一个朋友，每天工作时间接近20个小时，睁眼就工作是他的常态；我的又一个朋友，年过花甲还在世界各地飞，经常一天进出4个机场。他们不知道累吗？他们是铁人吗？答案肯定是否定的，但能怎么办，他们是企业老板。好吧，某顺拐这么大一个弯就是为了告诉你：不要羡慕有钱人，多数有钱人都比你干活儿多。你能朝九晚五，他们不能；你能整天惦记男女那点儿裤裆事，他们没空；你能胡思乱想，他们只能工作再工作。

而且，这些经济精神都无比强大的人，他们之前也都是普通人家甚至穷苦人家的孩子，一路奋斗到今天，他们付出了多少，你无法想象，反正他们的工作量是你的多少倍，他们的家产也是你的多少倍。你想和他们一样富裕？那就跟他们一样付出好了，就看你能不能吃得了那个苦啦。强大不是纸上的花，是千度铁水撒出来的璀璨钢花，按你们的话说就是，美得不要不要的，也苦得不要不要的。

是的，要想人前显贵，必得人后受罪。你吃点儿小苦就嚷嚷老天爷不公，其实老天爷绝对公平，"天道酬勤"这四个字也绝不含糊。可能你要问了，怎么努力呢，朝哪儿努力呢？某顺用自己的亲身经历告诉你：不要眼高手低、不要好高骛远、不要三天打鱼两天晒网、不要从一开始就琢磨你能挣多少钱！

鱼粉妙评

一般情况下，男人真心喜欢你就会提前约，生怕没提前约你有事去不了，临时约的实在不够诚意，你是临时给他解闷的啊！@木语潺潺当你以为目前薪资亏待了你,你可以跳槽;别跳槽也没处跳或没胆跳,还天天诋毁老板对你不厚道,像你这样始终存着二心的人,我是你老板也要找机会换了你。同理,你要是觉得这男人对你不好,你可以踹了他,别既不舍得踹又害怕下一个还不如他,还天天抱怨他不是好男人。**眼高手低是职业与感情生活中的大忌。**

很多人有眼大肚子小的毛病,明明自己就半瓶子醋,还时常有怀才不遇的熊心豹胆。某顺劝你:理想可以有,只是要切合实际,如果你在小单位小地方都混不出头,无法想象你跨进大单位大地区后还怎么出人头地?逻辑上难道不该是小庙盛不下了你才换大庙的?小庙里你都出不了成绩,进大庙跟一群超会念经的和尚比,你还怎么混出头?想高飞,先让自己在眼前的圈子里冒尖吧。

挣钱是奔向美好生活的第一步,只是钱并不好挣,不出汗不流泪就想挣大钱,那是做梦。正因为钱不好挣,才需要你耐着性子打磨自己,没磨成金刚钻之前,你都当奉献就是自己一生必需的修行吧。不要刚起步、刚干点活儿,就想"钱咋还没来",那样你准保要失望。钱是怎么来的,前面某顺已经讲了太多,这里再总结一句:如今你掉下的每颗汗珠子,都将是明天你碗里的肉末子。

时代没变,谁喜欢谁主动。@我是刘小辫

说到强大，有必要再提提女人的强大。某顺以为，女人的强大不光是内在的强大，必须外在内在一起强，因为这是个看脸的世界，偏不在乎你的内在……好吧，说多了都是泪，你的外在还是比周遭的女人也强一些才好，不然你会陷在"为什么男人都瞎了"的沼泽里而不能自拔。

打击你的男人请远离，一步步摧毁你的自信你就可以任他鱼肉了，当然你可以不相信我，那你以后就等着哭吧。@你看起来很可爱给我摸一下

女人要经得起泡

经常听女人们诉苦,说"当初并没动心,但他如何如何说、如何如何做,自己就信了他、也信了这是一段真挚的感情,结果却这样"。——每每听到女人们的最后一句,某顺都想笑,真的要笑:他都干什么惊天动地的伟大事迹了?顶多是在认识的头几天给你短信发得密了点(煽情部分基本是抄的,搞笑部分基本是转的,属于他的原创部分基本只有干巴巴的三个字"喜欢你",他既说不出喜欢你的绝世理由,也做不出喜欢你的绝世举动,就凭他送给移动的那百八十元,你就能判断出他爱你爱到快发疯?这也忒扯淡了,你也忒好泡了)。

有些女人实在好泡,貌似她娘老子生她出来就是为给赝品西门庆们泡的。要是能遇见真西门庆,她们也算没被白泡,至少触觉视觉味觉感觉上都能饕餮一回。可惜多数容易泡的女人往往等不及西门庆上阵,有个东方不败那样软趴趴的类公公男人,她们就轻许芳心了,盖因她们向来不自信,也没机会自信——论外貌很寻常,论才华也很寻

> **鱼粉妙评**
>
> 我身边那些常年卖惨的朋友,十年后还在和渣男生活着,那些从来不卖惨,该干吗干吗的,都过着自己说了算的恣意人生。@卖钕孩滴小火柴

常，论钱包还很寻常……一个什么都寻常的女人哪有机会被一群爷们围追堵截呢？所以到了一把岁数、本钱更少时，只要有男人扔两枚糖衣炮弹，她们都能当是人家对她释放了积聚几辈子的核爆。要说从头至尾都是假屁，也不准确，但至少太容易追到女人的男人的屁，是氨气分量都严重不足的。可惜就这也照样具有杀伤力，往往十天半月的强攻，好泡的女人就成了人家欲废弃的旧相识。

好泡的女人大多也好甩，被甩后的她们骂男人的声音更响亮了，多慷慨激昂的，貌似女人在这世道真没活路了、真要被男人欺负死了。可某顺不以为然：都有脑子，都有那活儿，都享受过或拟享受由对方带来的高潮，当初你也是为快乐才接受他的"骗"的，咋能享受完或享受个片段就不甘心、还不让人家走道了？玩不起就是玩不起，玩不起可以不玩，但不能逼人家陪你玩到底，这才是玩的原则吧。甭管他的手段多么卑劣，你得承认你起初相信他是因为你需要他，需要他的花言巧语，需要被他泡一下，需要借由他体验片刻的失魂落魄感，否则他就算说下天来，你也不该信寻常到落进人堆就没影的自己会是被至尊宝惦记的紫霞仙子吧？多找找自己的问题，你会发现受骗是因为贪欲，有贪欲是因为我们的境界还不高，既然境界不高，都有叵测的需求，就不要冒充受害者了好不好。

鱼妙粉评

多疑的男人慎嫁，看着就累。另外男人自信心和多疑成反比。他对自己都没信心，你凭什么把信任投资给他？不觉得风险太大吗？ @倾城灬月 SQ

出来混，迟早要还。所以有出来混的打算的女人们，不管是老是少，是单纯是复杂，都不要做轻易被男人泡开花的杭白菊；就算你想被泡也要做乌龙茶，逼男人多给你添几道开水，一遍水就出所有味儿的茶，绝不是好茶。男人要是泡女人都不用时间和经济成本，女人你也别想他会善待你了。男人的心思其实很简单：你这么容易泡到，是不是对其他男人也这样啊？那我试试得了，别过多留恋，因为你不可靠——看看，你认为男人不懂茶才把你这明前龙井当陈年花茶给扔了，事实是男人太肯为他自己的口腹负责，才把你当不值得珍惜不用期待的立顿袋茶一泡了之。现在大家说说，谁辜负了谁？谁又迫害了谁？貌似两不相欠呀，为什么好泡的女人自己还觉得亏大发了？路是自己走的，尊重也是自己赚的，切记。

鱼粉妙评

有时候要相信男人说的话，比如他说对你没想法绝对是真心话。@我的昵称素心儿

你是女人你不懂

看完《都铎王朝》第一季,感觉这部电视剧可以做婚恋指南了,里面有很多东西与咱国当前社会,尤其是两性关系都是融会贯通的。某顺就一条条晒出那些可指导国产婆娘的精纲要略,你一定别不当事儿,故事里的事虽然隔着几百年和几万里,但人性和人心是始终相通的:

1. 女大男小难以长久

亨利12岁时娶了哥哥的遗孀,该女是西班牙公主,当年花容月貌的她带着大笔陪嫁来英国冲喜,但男人还是死了,英王室惦记她的钱,叫刚继位的小弟迎娶寡嫂,以此留住了大笔黄金和两国交好的一段时光。亨利青春期时和王后是非常恩爱的,大姐老婆有姿色、更有大国公主风范,母仪天下的架子足足的,亨利因此仰慕了她好一阵儿。但这桩婚姻在亨利成为壮男后走向没落,王后越来越老,亨利越来越强健,他一次次搞女人,搞到特有心计的安·博林时,他觉得一生中

鱼粉妙评

婚姻没遇到对的人过起来是一种煎熬,遇到对的人,那种甜蜜幸福可以让一个女人如花般盛开。@白衬衣的偏爱

的最爱出现了,他必须停妻再娶了,于是乎,那个跟了他20年的发妻成了他走向新生活的绊脚石,什么恩情、亲情,都被亨利弃之脑后。差6岁,在老女人看来不是问题,在小男人看来也不是问题,但在真正有能力有愿望为自己活的中年男人那里,这6岁就成了横亘在男人女人间的一座山。最终王后被离婚,大女小男的情缘一去无踪。

2. 生不出儿子你会被男人以传宗接代为由抛弃

亨利离婚的借口是,他娶了哥哥的女人,于礼法不通,按咱国民间说法是"触了天条,必遭报应",王后多次流产,只养得一个公主,人到中年的亨利眼看自家人丁寥落,非常恼火,立私生子为王储又怕遭人讥笑,就想换老婆,生实至名归的王子了。很难说有多少男人在生儿生女这问题上不埋怨女人的,尽管他们也知道'种瓜得瓜,种豆得豆",但他们还是会嫌女人的子宫:成千上万的精子啊,女人你就非捡个豆而不是让瓜着床?哎,欲加之罪,何患无辞,尤其是生不出儿子这样的铁证。

3. 是不是处女你自己说了不算,男人说你不是你就不是

亨利12岁成亲时,王后还是处女,因她初嫁时亨利他哥已病入

找老公、老婆的话,第一好是要找一个人品好的。@佛罗达的明天

膏肓了,亨利在洞房花烛夜一清二楚地看到了王后的处女血,可就因为那块白缎子没当重要物证保存下来,20年后亨利和王后对簿公堂,争论老婆是不是贞洁、配不配当他老婆……哈,婆娘们是不是在亨利身上看到了你男人的影子?是的,他爱你时,你是不是"处"他都会娶你;他不爱你时,你是不是"处"都能成历史悬案、被他恶意诽谤。所以在科技发达的今天,建议处女们摄像留住自己的第一次,就为将来证明给他看。非处就不要幻想他一辈子心里没一点儿涟漪地爱你了。

4.即便曾经门当户对,但你成了老女人他成了老男人时,与他和谐的就是小女人了

亨利的发妻是真正的名门望族,与亨利除了年龄上不搭配,他们的家境、文化水平、个人经历阅历资历,以及成长经历生活环境,都是相似相近的,按说这样的两个人很容易协调,他们也的确协调了很多年。然而,等亨利成为精英霸主雄壮男时,他有崭新的人生目标了,他可以不再为女人的身世和嫁妆妥协了,他只想跟他喜欢的女人在一起。恰恰此时他喜欢的人换成了别人,王后就成了与他最不协调的人。所以,即便你曾跟他门当户对,那也是过去时态,就不要老是遥想当年你那段辉煌历史啦。

在父母常年争吵中长大的孩子心理会有问题,将来会恐惧婚姻的,所以别拿孩子说事,良好温馨的氛围胜过一个徒有其表的家庭。@木语潺潺

5. 就算你陪嫁多到倾城，他发迹后也会毫不犹豫地抛弃你

这是典型的中山狼做法，但你用钱买人，就得接受再被其他人抢走你商品的经济规律。很多女人自以为对男人有恩、有大恩，就算他把世界扔了都不会扔掉你。事实往往是相反的，贪欲往往是估计不到的，当你的付出已然不为他所动时，他就会把自己交给更高竞价的买主了。不为什么，盖因他打头起就是看在钱的份儿上才和你在一起的。

6. 非"处"不要紧，但碰上想嫁的男人你千万要端着，他就能当你是"处"来追求

安·博林和亨利认识时，是混在巴黎的著名交际花，为搞亨利她费尽心思，其中最狠的一招是不让亨利碰，且堂皇地宣称自己还是处。不管从前名声多么狼藉，亨利反正从来没目睹过她和哪个男人亲密，眼下她能死活不让贵为一国之尊的自己碰，亨利就以为外界传闻多是以讹传讹，就认定安·博林是个难得的贞洁女子，尤此他决心长久拥有这位有操守有原则的女人。同学们，安·博林的裤腰带为亨利扎了8年，在亨利8年离婚战役中她从没忘记自己的最终目标，坚持不脱就不脱，硬是吊了亨利8年的胃口，也硬是自己苦熬了8年……能想象一个淫荡的交际花突然禁欲8年的艰难吗？不吃苦中苦，难成人上

<u>鱼粉妙评</u>

　　要有驭夫之道。十个男人九个懒，要用心计、手段、鞭子、香吻一起上。夫妻俩在一起也要斗智斗勇，下狠手搞定他，搞不定也不必气急败坏，容易被倒打一耙说你无理取闹。@木棉葵葵

人,懂吗,婆娘们?

7. 欲擒故纵和掩藏物质欲望,是捕获男人的必须

亨利在离婚大战中迫于教会压力,只得搬回王后身边,用一同起居来证明他尽了夫责。有多少男人在离婚官司中有相似经历,他们不得不和现实妥协,哪怕被迫交公粮交得很无趣很窝火,外面的相好还因此闹个不停?人家安·博林也闹,但人家表现的醋意是很要脸皮的一种:"我回家了,我不要你了,你和你老婆好好过去吧。"哪像咱国的"三",一醋就拽着男人大喊:"你得对得起我啊,你发誓不碰你老婆啊。"兵法是咱国女人最需要学的一门艺术。同样,面对物质利诱,咱国女人还得向安·博林看齐:刚认识时亨利送她昂贵首饰,她都原封不动退回。嗯哼,小眼睛的女人只看男人眼前给了你什么,就不想想男人以后能给你什么,这才使得男人早早地就在你这里熄灭了性欲。

8. 要表现你的不凡思想,更要表现你的独立性格,别让他以为你也是一个普通的抓住绩优股就不放的庸俗女人

安·博林勾引亨利时,不仅欲擒故纵、放长线钓大鱼,还时刻不忘充实自己。她读新派书,了解新思想,掌握社会新动向,她以见多

我妈跟我说,生娃就知道一个男人是人还是鬼了。最后姐妹们都觉得鬼太多。@就酱籽X

识广和脑子清晰的知识女性形象示人,她让亨利产生知己感,有深入了解她的兴趣。女人们,姐常说与其四处搜罗像样的男人,不如先把自己变成像样的女人,就是叫你们从猎人变成牧民啊。打猎还得整天追着猎物跑,那多累人,咱不跑也不追,咱把自己捯饬得别有韵味后再坐等猎物投向咱的篱笆,难道不是更省力的计划?

9. 不要一个人去钓他,要争取舆论美誉,要牢记团结群众

安·博林如愿戴上后冠,不是靠她一个人就能实现这理想的,她有个团队很厉害,她舅舅和她亲爹都是朝中大臣,暗箱操作使她有机会进入国王的视线范围,关键时刻她还与宿敌红衣主教修好、让敌人成为她的利益伙伴……她团结一切能团结的人,最后才确保了在与皇后的死磕中胜出。8年抗战何止是艰苦卓绝一词能形容的,要是8年中她随便得罪任何一方,她的处境都会更艰难更尴尬。国王如此坚定地娶她,还是跟她长久奠定的群众基础有关:若男人走到哪儿都听到关于你的溢美之词,他甩你都找不着合适理由了。最后提示,婆娘们永远不要恃宠而骄,低调内敛方可成大事。

10. 愿赌服输的心态一定要有

鱼粉妙评

　　别管什么原因,只要是男人提出来的离婚,咱都赶紧接着,离就离呗,这年头还能离了谁不活了是咋的。@永远不变的一个梦

其实这是题外话了，在《都铎王朝》第一季里并没表现，但后面的事情某顺还是要告诉你们：亨利娶了安·博林后，他们的婚姻只维持了3年多，安·博林还是押错了宝，这个男人没完全得到她时，心始终是她的，得到她后就不再迷恋她了，甚至翻旧账，说她是淫贼，说她下蛊，害他一时昏头废后娶她……最后，安·博林被负心汉处死，一段神话般的爱情就此湮没在男人的野心里。这个下场告诉女人们，如果一个男人对他的发妻不厚道，对你就更不会厚道。

最后总结：你可以学安·博林费尽心机地搞男人，但你要想清楚代价——8年时间投入，不成，太长了；3年的短暂相守，也不成，太短了。如何去找一个不让女人为他损耗太多、也不让女人为他委屈太多的男人呢？再说。

鱼粉妙评

我个人觉得克服自卑提高自信有两种方法：一是提升自己超越自己；二是如果第一个做不到，就降低自己的标准要求，别太苛求自己。@晓枫之岸

挑男人实用攻略

挑男人和选男人是学问，这毋庸置疑，会挑男人的女人可以少些情伤、少些不必要的挫折，还可以过得安逸满足，看上去啥啥都不缺。不会挑男人的女人则反之，她们容易碰上一个追求者就脱裤子，而后经历被骗被弃被辜负，或自己懊悔到时刻想突围，这样的女人永远不平衡，因为开端就是错的，是拧巴是纠结是不靠谱。所以掌握挑男人的顺序和原则，对每个婆娘都是必备武艺，会挑男人的能晴天防晒雨天防淋，不会挑男人的永远在错误的时候媾和错误的人，她的结局能好了才怪。

你要男人做什么？如果你单身（含离异），你需要结婚吗？首先你要确定这一点。如果你不需要婚姻，那你就只需要一个男朋友了。男朋友一时半会儿找不到的话，你当下急需的仅是性伴侣。

如果你需要婚姻，那你的目标是一个能和你相伴很久的男人，这

忍着吧，等哪天你忍出癌症或者郁闷死了，就不用忍了。@童淇的幸福生活

里又要备注下你的未来男人必须具备的外在了——他得喜欢婚姻生活，且愿意和你一起分享他的喜好和金钱，如若不然，这个男人很可能和你过不了多久。不喜欢婚姻的人不会甘愿为你收心收脚，不喜欢分享的人为你付出丁点儿都觉得他吃亏了——他得合适婚姻、合适你的需要。

不需要婚姻的，仅仅需要陪伴你的男友或解决生理需求的男人，问题就简单多了——找你处得下去的、看得过眼的。当然，男友最好是志同道合的，不然会有理解和沟通的障碍。本篇只着重谈"有结婚意向的男朋友"的选择标准。

如果你还想生孩子（没生育过的女人恐怕到了40岁以后会着急，我这边显示的案例是很多丁克坚持到三十五六岁就改弦更张、放弃原有的理想了，既如此，与其晚生不如早生，争取遗传概率上有健康自然的后代），你要为后代考虑颜值。毋庸置疑，这是一个看脸的社会，尤其是女孩，若无颜值，会一生辛劳很多，看某顺就是活生生的例子。所以在不能选择生男生女的被动环境里，要首选颜值高的男人（这是针对你结婚就要养娃说的）。不要乱说什么颜值高的男人容易勾搭女人容易出轨，中国的丑男人出轨也很容易，只要他有钱，在没有信仰的中国，女人差不多都是奔钱去的，丑男也春潮泛滥。

鱼粉妙评

对于工作，不应该是选择哪个更安逸，而是哪个更有发展前景，就选哪个。@小脖子NO1

要生娃的，要看重男人的颜值，还要看重男人的出身。凤凰男很难培养出公主，因为还差一代的修为和滋养。有时人生很折磨人，你要这个就得不到那个，他可能脸好，但穷、挫、贱、贪，所以你此刻又面临一个选择：要他的遗传颜值，就得收容他的各种不堪……没办法，人生不如意十之八九，出身最终还是要为颜值让步。别说孩子以后可以整容，天然的永远比整出来的靠谱、经济，重天然颜值主要是为改良后代的外在。

如果不为养娃选男人，那就感情第一。感情第一里面包括了很多契合，有情投意合，有志同道合，有脾性相合，有条件切合，最重要的是两个人知根知底、互相信任和喜欢对方。这一点我在《什么男人合适做丈夫》的讲稿里有大篇幅讲解，不再细说。

"感情一般般，但他适合结婚"，女人这样的表述特别多。问题是这一般般基础促就的婚姻，很可能因为缺乏激情和喜爱而随时夭折。某顺接的案例中有无数相似咨询：以为合适结婚的人，最后没能走到底。究其原因只有一个，没有深爱打底，人们太容易心猿意马和互相嫌弃了。虽然深爱很快会变成浅爱、再变成无爱，但痕迹消失是需要过程的，早先越深刻越投入的，坚持下去的决心也越强，起纷争时也

> **鱼粉妙评**
>
> 你以为男人能为你遮风挡雨，却没想到后面的大风大浪都是他带给你的，这就是迷信男人的后果，少一点痴情，多一点理智能让自己少受点伤！@木语潺潺

越肯让步。婚姻就是忍耐和让步的艺术，都深刻投入过的两个人，分手要远远难于那些起初就"感情一般般"的。所以我一直提倡你们看重感情，感情是首要的。

如果你出于生活目的，或只碰上了"感情一般"的人，那就要重视人家带给你了什么。你要的不就是一个家吗？你要的不就是钱吗？你要的不就是"我有男人"的名誉吗？——你要的这些就是你的重点维护目标，把你没坚持要的那些，比如颜值、感情、感受等无关紧要的都放下。贪婪是女人过不去的坎儿，总以为自己什么都该拥有，其实你只配获取一两样。男人在婚恋上就比较识相，要么贪色要么贪财要么贪母爱，有一样的都知足了、都肯跟你结婚了，因为男人知道其他的可以堤外弥补；女人又不傻，为什么总幻想堤内啥啥都有，你又不是三峡大坝，你盛不了那么多内容呀，乖。

排除了感情第一后，选择上就可以任性点了，图啥都行，就是得有的图，让你一无所图的男人坚决不能要，因为他只会糟践你的人生。下面就说说感情之外女人还剩下的选项：

1. 物质（缺钱的，这个要重视）。

挨了打要记住伤疤、记住疼。好好爱自己，比什么都重要。爱情没有电视剧和小说里那么美好。@亲爱的伊拉

2. 性格（怕吵架的，原生家庭不安宁的，要首选脾气好的）。

3. 顾家与否（男人的精力也有限，往往顾家的男人没大出息，所以你要想好，你是要外面撑门面的男人，还是要喜欢做饭养鸟的宅男）。

4. 健康（这是哪个男人都该具备的，但有的女人确实适合找不健康的男人，要不然就见不到遗产了）。

5. 公婆的态度（不喜欢你的婆家，坚决不能去，因为你不是灰姑娘他不是王子，你犯不着讨好他家人来维系你们的关系）。

6. 情史（一般情况下，会哄你的男人都经历了无数女人的调教，你舒服是因为有前辈指点他了，而过去的他都那么风骚，你又不是名门之后，你没办法让以后的他只处你一个的。所以再不放心男人也要有科学发展观，具体内容参见我的讲稿《出轨》上下两篇）。

7. 性能力（其实这个应该放在前面讲。好吧，假装我们都是四有新人，不色情不肉欲——性能力是男人的基本能力，是繁衍后代和稳定情感的基础，民间说床头打完床尾合，草根屌丝都知道男人的性能

|鱼粉|
|妙评|

婚姻失败不是因为遇人不淑，而是因为大部分男性都不淑，换一个也那个样子，婚姻不是全部。@郗沐桓

力有多重要。很多矛盾都是能通过性事解决的，性事不爽，接着就各种争吵各种为难。图男人的性能力，没错，只是女人们不要忘了，性也可以堤外弥补）。

最后总结：两条线，生孩子的一条线，不生孩子的一条线。生孩子的首选颜值，其次出身，再次是智商，太傻的男人不能要，他会给孩子遗传一个猪脑袋的。其他选项能有你就选，没有就凑合吧。

不生孩子的也有两条线，一是想当老伴的，二是仅仅现在想用用的。首先说想当老伴的：有感情，感情第一；没感情，人品第一。其次是男人有收入、经济自立不用你养。其三是脾气好、好相处。其四是性能力尚存些许。其五是乐于奉献和做伴。其六是没有家庭儿女负累。其七是喜欢婚姻生活。

再说只想做男友的、走哪儿算哪儿的。志同道合、彼此喜欢、性能力好、风评不错、有一定社会地位（有些男人嘴贱爱炫耀，一般是越有地位的男人越不爱嘚瑟情事性事）。

最后是目前只能找性伴的挑选原则：简而言之，活儿好、嘴巴紧，不混同一个圈子，和女人交往时只串联不并联。

中国人最抽风的地方就是小家庭的生活还要上一辈的家庭说了算，既然成家了，本来就是应该自己决定的事情。@sisley熙好了,婆娘们,根据你的目前所需,按图索骥寻找适合你的男人吧。不要忌惮找错了人,错就错了,纠错再找;不要招摇你的任一届男人,有事没事都要偷着乐;分手时不要伤心,因为分手等于下一个男人就要出现了,这明明是喜讯,你哭哪门子的丧。

鱼粉妙评

外貌决定有没有可能在一起,性格决定适不适合在一起,物质决定能不能稳定地在一起,信任决定能不能长久地在一起。这个社会,婚姻其实要的一直都是这些。@清心净灵

女人不能说的事

1. 个人隐私不能说。有无处女膜、处过多少男人、处过哪坨不该处的垃圾、婚前堕胎史（跟妇产科医生可以讲）、婚后出轨史、花过男人多少钱，等等这些都是不能跟男人讲的（此男人不仅包括准备娶你的男人，也包括你喜欢的男人和现在相伴的男人）。记住，这些都是男人的忌讳，他们希望听真话，但你说了真话，你们的关系也就完了。你只能说：没有、没有、真没有、确实没有。

2. 家庭财力不能说。你家一贫如洗，这可以说，把不肯和你分担的男人洗涤掉，能避免浪费自己的时光。若你家只是一般人家，就用"普通工薪家庭"概括好了，不要给男人细讲父母挣多少、银行存多少、房产有多少等。若你家富裕不差钱，也不能把实底全告诉男人，可以说只有空架子。记住，不论穷富，资产往少里说、负债往多里说，这能考验出真爱。要小心为钱娶你的人，更要离开怕你拖累他的人，互相不算计的伴侣才能一起走得更远。

等你成为圈子里最漂亮、最能干的那个，再看一遍圈子里的人，你会发现其实你喜欢的那位也没有很优秀。@肥肥猪肉卷

3. **真实想法不能说。** 人的思想由三观和阅历决定，如果你不是很自信、对你们的关系也没把握，那就让真实想法先压在心里。受不了他那套，你可以找冠冕堂皇的理由离开他，没必要跟他抬杠到脸红脖子粗后再以互撕的形式决裂。即便他的社会地位和事业发展都比你强很多，也不代表他全都对、他适合你。必须离开让你不爽的人，而不能忍着不爽去嫁给他，因为结婚后你们的分歧和矛盾会更大，大到你完全受不了。

4. **他的前任不能说。** 所有喜新厌旧者都有一个共同特点，即说前任坏话。不然他无法解释自己为什么离开人家。你也只是他的准前任而已，兔死应该狐悲，因为下一个就是你了，如果兔死狐喜，那狐狸指定是精神病。你若以为埋汰他前任就能证明你的高贵可爱，那你就是个人间笑话了。记住，男人喜欢你时，你满脸麻子放光彩；而男人不喜欢你时，你即便贤良淑德到能上贞节牌坊，男人也会说你毫无女性魅力、让他睡得生不如死。所以，他的前任根本轮不到你诋毁。

5. **闺蜜隐私不能说。** 闺蜜之间喜欢互相兜底，她偷了谁、她处的哪个男人最好用、她有哪些性癖好、她说了你男人啥坏话，等等这些都属于闺蜜间的隐私，不仅不能对外传播，也不能跟你男人说道，因

鱼粉妙评

爱情是两个人性，思想观念，经济条件，颜值和个性的总和。婚姻就是把这个总数进行价值匹配并互相交换形成一个稳定的结构。@杰晓末

为你男人会认为你和她是一丘之貉。而且，你以为你男人不会告诉别人，但今天他是你男人，明天他还是你男人吗？一旦你和男人翻脸，他为了证明你不是个好东西，也会把"你们团伙成员"闺蜜的隐私说出去……彼时给你闺蜜带来的麻烦有多大，你是敢想呢还是能负责？

6. 苦难历史要少说。有些女人喜欢把经历夸大成凄凄惨惨戚戚，家里的窘迫、从小到大备受欺负、谈恋爱屡屡被骗最后又误入不讲理的婆家……貌似她是一朵美丽的白莲花，却不幸掉在了泥沼里，怎么挣扎都摆脱不了悲惨的人生。且不说女人嘴里能有多少实话，只说男人真喜欢这种女人吗？答案肯定是 **NO**。别以为可怜的灰姑娘会是男人的心中所想，都做什么美梦啊，男人只想要身世简单人生美好的白雪公主好不好，男人更怕成为冤大头和接盘侠。

7. 个人收入要少说。收入必须打埋伏。因为你得攒点私房钱孝敬你爹妈，如果不走私房钱通道，男人不仅会和你攀伴儿（要求也给他爹妈一份），还会认为你挣的钱都给了你爹妈（嫌你胳膊肘往外拐）。你也考虑下万一离婚分割财产时你会不会吃亏吧，别以为男人的钱全都给你了，他智商没你低，他孝敬他爹妈的钱和他泡妞的钱也是瞒住你的。当然他绝对不会承认这个，并会因此骂某顺三年。多数男人都有传统观念，而传统观念认可女人的收入可以比男人少点，所以你没

鱼粉妙评

男人这种物种，性是目的，如果得到满足，他就没心情继续谈情说爱，甚至厌倦。他们天生爱捕获猎物，追逐新鲜。@我是一邪到底的KIKI

必要在申报收入时和男人争老大。

8. 身心痛苦要少说。别做负能量源头。有些女人是小姐身子丫鬟命，身体上心灵上有点小创伤小痛苦，就絮絮叨叨个没完没了，整天这疼那疼地说个不停，跟祥林嫂一样。这些女人不知道，即便你是播放机，让人添堵的曲子也不能放上一百遍一千回，否则谁受得了你？将心比心想一想，如果男人天天跟你说他这儿不舒服那儿难受的，你烦不烦？谁不想要个健康阳光的伴儿？尤其人到中年，谁能没个疼了痒了的小恙，让他知道你需要照顾就行了，不要天天嗯哼地呻吟，直把人烦得都不想回家了。

9. 娘家糗事要少说。很多女人天生缺心眼，表现在男女关系上就是里外不分、不认血亲。她们真以为嫁鸡随鸡嫁狗随狗了，一旦跟了这男人，娘家啥事都告诉男人，什么爹妈不和了、手足相残了、家庭矛盾了、亲友出丑了，全汇报给男人……祖宗们，你们想没想过男人知道你家阴暗面越多，就越看不起你？你还真以为男人是最爱你的人啊？傻子才这么想。记住，没人比你爹妈更爱你（此处不要用小概率提醒某顺"有的父母很差劲"，我说的就是大概率、是普遍情况）。怎样维护爱我们的人？无非是不议论不传播他们的短长。

鱼粉妙评

自己不强大，哪里有自由 男人吃准了女人离不开他，所以才敢出去疯。
@你被写在我的歌里-nada1

10. 离婚分手要少说。你又不是真心要离婚要分手，却把离婚分手挂嘴上，请问你吓唬谁？你以为男人是给女人吓唬的？男人现在不离开你，要么是因为他没找着好下家，要么是你还有利用价值。你以为他不肯分是因为爱你爱到不能放手？笑话，你都动辄说离婚说分手了，你们的甜蜜期肯定早已过去，他不分也是暂且凑合而已，你还老喊狼来了？这是逼他加大马力找下家，也是把他心中对你的残存温情都灭了。记住，这是男权社会，男人不会甘心被女人欺负的，你天天嚷嚷要离婚要分手，就是欺负人家。

鱼粉妙评

爱情这东西可遇不可求，开始可能心动，后来……就没后来了……@明－明明明

不爱自由就结婚

尽管钱钟书 70 年前就说过,"城里的人想出去,城外的人想进来",可是即便到了今天,中国的女人们对"围城"—婚姻—还是趋之若鹜。某顺研究婚恋这么多年,最闹心的事当属面对为嫁人而不顾一切的女人们:我越说"不是每个人都合适婚姻""多数已婚女人在婚姻里找不着幸福感",求嫁心切的伊们越是驱不散也吓不退的义勇军,她们非婚不可。女人们却无比坚定地信任她自己的经营能力和人格魅力,会让她的婚姻及她的男人都顺从她的意愿,她们说着"就算……那也……所以……"眼也不眨地进入婚姻围城,结果,你们都知道了,不听某顺言,吃亏在不久。

不久以后,大多数女人都发现,婚姻果真不是她们想象的那样,男人果真不是她们能驾驭的。之前她们以为,只要她们优雅,男人会始终可靠,只要她们顾家,男人会始终爱家,只要她们对男人好,男人会始终对她们好;而现实是,随时间推移,尤其是有了孩子、家务

你哭难道不是因为不甘心吗?人性就是这么贪婪,曾经属于自己的人或物,被强制剥夺的时候都会不甘心。@滕骏祥和会馆

增多后，女人发现这个家由男女二人世界变成了母子二人世界，叫丈夫也叫父亲的那个男人，有事没事都在外面应酬，家里乱成什么样也与他无关，孩子的一切他都推给女人……好像他交了工资就尽了他所有的义务跟职责——这还不是最无耻的男人，更有混账男人连工资也不交、家也不养，照旧能朝着女人吹胡子瞪眼甚至推推搡搡，他们犯浑的理由只有一个：是你非要结婚的，你活该。

被骂活该的女人们彼时眼眶湿润却挤不出一颗泪珠，盖因无情又无耻的男人戳中了她的软肋：当初的确是她死乞白赖缠着男人结婚的。当初她各种手段明示暗示不结婚就分手，男人当初还没跟她处够、还不舍得她，就只能不甘不愿地娶她，但男人内心那个不满啊，全攒到婚后用点点滴滴的冷漠、无视，报复了她当初的逼婚。女人本以为能逼男人因婚姻成熟、因婚姻负责、因婚姻变成她的另一个父亲，没想到婚后不久、性欲一退，他的自私自负自我就暴露无遗，且毫不收敛。他不做家务，他说他妈妈他奶奶他姐姐他领导的老婆都包了全部家务，凭什么他要替你做家务？他不交工资，他说你也有工资你也不缺钱你凭什么要管我的钱？他不管孩子，他说他管不好，你要是不怕磕着碰着噎着冻着孩子你就把孩子交给他？他不想回家，他说家里没爱没自由没意思没他想要的一切，而这些都是你硬塞给他的……无路可退时女人们才傻眼，女人以为结婚是互相给爱的最高境界，没想到男人当

鱼	粉
妙	评

　　有学历不代表有能力，有文凭不代表有文化，有文化不代表有修养……太把自己当回事，别人未必多待见您。@大望的天

结婚是他施舍给女人的最大恩情；早知自己嫁的多半是甩手掌柜是冷血动物，女人还会哭着喊着要嫁人吗？

本来在中国式传统婚姻里，女人就处于付出多得到少的卑微地位。新中国成立以来，由男权倡导的伪女权运动又把女人推到了里外负重的艰难境地。女人不再有机会只管家务和孩子了：女人还得扮演好你的社会人角色。你比旧社会的妇女还苦不堪言，当下的你不仅得挣钱且最好挣比男人还多的钱，你还得继续做贤内助，哪怕那男人一无所长你也是他内人、必须以他为重。车裂之痛都比不过女人8小时之外还有N小时家务的身心俱焚，而男人却始终是捧着手机训着孩子挑剔着你做的饭菜的那个大爷……就这苦命生活还是女人当初费尽心机才弄来的，真不知女人为什么要结婚，就为让自己变成男人的保姆？就算女人你心甘情愿做男人的保姆、心甘情愿做比传统老婆还要贤良淑德的苦命老婆，他也未必感激你，因为你使他失去了随时随意胡搞的机会。当他发个微信、关注个波霸，都要被你强行删除硬性破坏时，他连做你大爷都没兴致了。爷要自由，要没婚姻束缚的自由世界，女人你是不稀罕这自由，可是，裴多菲稀罕，你家爷更稀罕。

别说男人不懂女人为什么不爱自由，某顺也不懂女人为什么如此害怕自由。自由是什么，是你想做什么就能做什么，是你想跟谁去就

鱼粉妙评

没事就计算男女关系中谁占便宜，即便他说的是真的，也并不能掩盖他的本质。@蜈蚣大仙

可以跟谁去，是你想躺着就不用立着，是你只顾自己而不用考虑家里那人的舒坦。自由是这么好的东西，很多女人却不喜欢，她们非要绑一个大爷来伺候，非要和大爷弄出至少一个娃来累她自己，非要为了家庭和男人和孩子和所谓完整女人的名分，就把自己的兴趣爱好和追求全部埋葬。有了男人的女人，一条腿被套上了枷锁，生了孩子的女人，另一条腿也套上了枷锁，你拢共就两条腿却都套着枷锁，以后你要如何使劲才能像没事儿人一样，舒展放松地做你自己？你生来就是为了受累吗？如果你不是圣母，我真不以为你有必要进入婚姻、承担如此苦役。已经有无数女人懊恼不堪了，你还不害怕吗？你还要坚持拿自由换枷锁下的拼命挣扎？

粉丝妙评

男人两大爱好：拖良家女子下水，劝风月女子从良。女人两大爱好，和穷人谈钱，和有钱人谈感情。@清心净灵

谁睡谁有甚要紧

咱国传统婚恋观里有个很有趣的现象：男人和女人上床后若男人要求分手，女人会认为"他睡了我就不想负责了，我把一切都给他了，他却辜负糟蹋了我！"（这里的"一切"主要指身体，次要指时间，以下同。）貌似上床或两人相好时，男人就没献出过他的身体和时间，只逼迫女人为他无偿付出了，更貌似女人是作为男人的性用品出现的，意为"你用了我还想不埋单？"但如果上床后要求分手的是女人，那么女人的理由一般会相当粗壮，抛弃男人的女人惯常说法是："我够对得起他了，我把一切都给了他，他却是那样那样的一个人！"

每每看见女人们抱怨或指责男人"拿去了她的一切"时，某顺就想问问这女人：行男女之事时你没爽啊？两个人睡觉，彼此都爽了，谁该给谁付钱？两个人高潮，彼此都出汗了，谁该给谁打欠条？两个人合作成功，彼此都如愿了，谁又该给谁发奖金？

婚姻无非就是要有所图，不是图他人好疼你，就是图物质、图精神……关键是你图的是什么。@常绣男权思想猖獗的社会，女人们容易把性交配当做性施舍，好像没了她男人就会活活憋死。这其实是典型的妄自尊大，有如此想法的女人都忘了世上不止她自己长有生殖器官，男人不睡她也会睡别人，睡她只不过是顺便乘势或不得不睡。想让男人给做爱埋单，想让男人为一次做爱就负担自己一辈子——不得不说，女人有时算盘珠子拨拉得太凌厉，怪不得男人们宁可到处鬼混，也不敢正经恋爱，因为打着恋爱名义发生的性关系，本来解决的是双方的生理需要，但由于女人把它上纲上线到男人的品质道德和三观上，并把合作协议强行更改为买卖合同，最终使男人有了上当受骗的感觉。他认账他会埋单，他不认账时他哪里甘心做冤大头？"不以结婚为目的的做爱都是耍流氓"，这说法据说来自领袖，只是不懂，若做爱目的只为结婚，还有多少男人肯束手就擒、跟女人进围城？

写到这儿，某顺要特此声明下本文针对的人群，是那些未婚或已婚的，跟男人睡了就要求男人负责的，男人不肯负责就以为男人是恶棍混账流氓犯的女人。（睡觉本是双方自愿的事儿，要男人为此娶你或报答你，等于把自己标高价强卖给男人了，人出来混的小姐还只要针头线脑呢，你一开口就是一辈子贞操相伴、一辈子管理人家工资卡……你是不是也太贵了点？男人要是也跟你这么要报偿要收据要奖励，你会不会被恶心死？）说真的，某顺不鼓动你们抓个男人就想睡，

情商不低的人也不见得都会为他人着想，并不觉得为他人着想是个大前提。而是知道什么场合什么话该说什么话不该说就可以了。@一姗庚比一姗高

也不提倡你们睡男人前把自己当卖淫的,更不建议你们把性享受当性奉献;某顺只希望女人们正确面对上床这件事,你需要你就睡,睡完别扯那谁占便宜谁吃亏的淡,那不地道。如果你无法接受事后没人付款的结果,那你就别睡。

性活动在异体繁殖的动物中是重要的工作,人类由于有丰富的精神世界,所以把种群繁衍的重任上升到了精神愉悦的高度。雄雌是平等的,男女是互利的,性爱是双赢的,赢在都有收获、都有满足上。只要实现了睡的初衷,解决了我们的生理需求,你就别再幻想睡出衍生价值了。当然,能睡成终身伴侣自然好,睡不成也不等于你贱卖了。话说你又没花钱,白得一妇女生活用品,又不用你维修又不叫你伺候的,免费使用的东西,你还跟那儿强调什么品质嘛。

最后友情提示各位婆娘:你想跟人家处,你就得主动;人家想跟你处,人家会主动——婆娘们,你主动不主动,决定了你和他是谁处了谁。

鱼粉妙评

婚姻是场精准的价值匹配,没有人想从一段关系中吃亏。@木棉葵葵

转正三不是好三

经常有三言之凿凿情之切切地表示:"我不是图他的钱,他也不是追求者中条件最好的,可我就是爱他,我什么也不图、什么也不为,我只想要他的人、只想成全爱情,难道我追求爱情也有错吗?"每每听到这样的表白,某顺都想笑:三们又忘了祖训啦,妻不如妾,妾不如婢,婢不如偷,偷得着不如偷不着……伊们怎么就死也不信这理呢。

男人从"偷人"的刺激一跃到"睡妻"的麻木,那过程是相当的无奈。男人对三一般还是饶有性致的,因为三属于被偷范畴,偷的本质决定了他在三面前能始终亢奋。可是,三若升级为老婆,要不了两年,三就会比他当下的老婆还身心暗淡:他还有心思碰你才怪。没有远见卓识的三,才日日夜夜图谋转正;缺乏对婚姻的正确认知,才时时刻刻憧憬由三变大婆。说白了,这是智商问题,可惜多数三不懂。不了解男性生理本能也不掌握男人性心理的三,绝不是一个合格的三,尤其是把雄性激素当爱情基础的三,则格外不入流。

鱼粉妙评

为了爱而结婚或者改嫁都没问题。就怕是为了减轻自己养娃负担而改嫁,那就是耍流氓。人活着尽量少干祸害人的事!@大望的天多数女人陷入感情旋涡时都是感性的、很少理性,更难尊重人性;而多数的三邂逅那个令她"道德沦丧"的男人时,更是原则尽失、方寸大乱,具体表现在她们把肉欲的媾和美化为心灵的洗礼。过去她们追求"执子之手"白头到老的贞操情怀,一旦当了三,她们曾经的信仰也腐败成偷得有理、偷得应当、偷得伟大的拧巴态度。她们有无数理由维系不伦不类的感情,明明是通奸却硬说是互恋,直到男人想尽办法终于甩脱她们的纠缠了,三们才明白,原来自己真的只是他的性用品,而非他此生唯一的永远的不能放手的那个爱人。

一个老想转正又老也不能转正的三是可怜的,但她们的可怜还要次于转正心思本不浓郁却稀里糊涂被转正的那些三。总有一些女人运气差到出门能踩狗屎、偷人能偷成黄脸婆。如果这男人是乔布斯、比尔·盖茨也好,可惜多数一心换老婆的男人,他们不仅没多大的家业不说,还贼爱用"我一无所有你跟不跟"来考验姘头。他表达了净身出户的心愿,三以为他就算为他自己着想也会多少留一手吧? 没想到这厮因为对老婆有愧、对娃不忍,还真就光着屁股离婚了,理直气壮地寸草不拿地投奔三了。伙住在三的屋里,工资给了前妻还房贷,他吃着三、用着三……还老是怨声载道嫌三对他大不如前……这种转正三在某顺的咨询者里为数不少,她们的故事总能令某顺想起一个成

鱼粉妙评

别没事儿翻老公手机,尊重他人,放过自己。@问雅的盒子

语——螳螂捕蝉，黄雀在后。三就是螳螂，黄雀当然是后面的另一枚三。在男女婚恋市场严重不平衡的今天，女人们做三是为抢男人，做大婆是为占男人，可惜男人不是死物、不是女人抢来占着就能一了百了的。

多数三都被辜负了，多数三都最终被抛弃。只有少数三得以转正，而三转正后"从此过上幸福日子"的，寥若晨星。盖因婚姻就是这么个贱东西：没有的人想拥有，拥有的人想扔掉。所以，你是三不要紧，只是千万别想转正这茬儿，除非你能因转正搞来大把的你能控制的钱；如果你真是为他这个人儿而跟他，那就别转正了，不然你的爱情分分钟就没有啦。

鱼粉妙评

要么忍，要么残忍。@LM-renyan

缘分别不过命运

有个女孩小雨，健康活泼的妙龄少女，几个月前她邂逅了自己的白马王子小睿。两个人是通过网上交友认识的，在聊天和视频中彼此的感情与日俱增，双方都觉得相见恨晚，有说不尽的话题。但小睿的单位近日安排了一次体检，他被查出患有传染性乙型肝炎。小雨听到这个消息感到晴天霹雳般难受，她想不明白为什么命运会和她开这样的玩笑，不幸会降临在她的头上，觉得自己好不容易遇到值得自己付出真爱的男生，却遭受了这样的打击。小雨想了一夜，觉得自己不能因为男友的病情就和他分手。但是小雨的父母坚决地要求女儿和男友分手，因为他们怕这种病会有病变的可能。小雨不知道是应该放手还是坚持真爱？

爱情是个什么东西？是两情相悦，是情投意合，是不能在一起就魂不守舍、在一起就如嗑了药般的眩晕迷糊。让相爱的人相守，窃以为这是人道的最低要求，也是和谐社会的基本原则，否则，这个世界

不要以为年纪大了，就随便找个人凑合，等真正过日子以后合得来还好，合不来还不如自己过。@蜕变318

不全是怨愤的声音了？然而，很多人即便相爱，老天也不肯轻易成全他们，因为他们要么是彼此的迟到，要么是彼此的多余。你若支持他们恣意地亲近，就必定有至少一个人会因你的态度而失意。所以，爱谁不爱谁是恋人自己的事，能不能叫你爱成，则往往成了很多人的问题。

原则上我们爱一个人，就是爱他的所有，包括身体精神、外在内在。他的软硬件都应得到我们的认可，即便是不喜欢也要笑纳，不想要也得接受。我们爱这个人，就得有容忍他的心，否则我们也不是真爱他。而每个人都有这样或那样的缺点，容忍爱人的缺点，是证明爱的最好方式。不爱的时候，你尽可放大他的缺点，并以此鼓励自己离开他；但爱他的时候，你只能重视他的优点，并靠这个来强化你对他缺点的容忍度。所以，说回事主，目前你的未来伴侣是一个传染病患者，你就得扪心自问了：你到底是爱他，还是爱恋爱这件事？如果是后者，你根本用不着为是否离开生病的他而犯愁。

你若认为你和他的感情是真切的、互相的，你就可以考虑排除一切困难，包括来自亲友的巨大阻力，去努力和你爱的人在一起。虽然他是传染病人，但医疗卫生知识如此普及的今天，你很容易找到预防传染的办法，完全可能既实现了和爱人不分手、又不被爱人传染的愿望。在决定跟他共闯难关的那刻起，你就应该做好思想准备，积极了

人性本贱，得不到的和已失去的才是最好的。别给他反复作践你的机会。
@木棉葵葵

解掌握预防手段，充分估计将来的困难，用科学知识去耐心说服你的家人……这些都是可以做到的，虽然累，但值得，因为你是为爱做了这一切。如果你确定你的心里只有他而没别人，为他牺牲或付出都是值得的，这比起让你远离爱，恐怕要容易得多。

只是我们还要考虑另一种情形，即眼下的爱人并不是我们真正想要的，只不过为了他对我的好，或我和他的关系已人尽皆知，或我不知道还能不能碰上条件比他好的人，所以就算他走背字我暂且也不想抛弃他。在速食爱情流行的今天，很多人无法判断自己的感情是不是真爱，新欢出现之前都搂着旧爱不放，哪怕明明感觉并不好，也没勇气推倒重来。这种所谓的爱是最可怕的，因为当事人既搞不懂别人是不是适合自己，也拒绝了解自己是不是人家想要的。这样的感情往往很纠结，走不走都别扭，留不留都难受。所以，说来说去还是一句话，要不要坚持和他在一起，你得把自己的心窗先打开，透亮了，就明白了。

培根说，过度的爱情追求，必然会降低人本身的价值。这话往直白里说，就是人一热衷于谈情说爱，便没啥出息了。某顺也认为，一个绝情的人，肯定能成就大气候，因为阻碍他进步的东西少啊。只是，没了爱的我们会抑郁，这的确也是个问题。

鱼	粉
妙	评

你看不到自己拥有的，比如夫妻和睦，都有工作，公婆带娃一带带俩。如果你老公有十个亿，但是三年都见不到他你换不换？ @沽酒向梅边

如何对付第三者

没有第三者一词时，人们都不知道自己排第几，脑子里没正室偏厦的概念，以为天下的男女关系只有两种：要么是内人，要么是外人；内人可以随便睡，外人断断睡不得。可这世道变化快，人心一晃就不古，我们当下天天看到的、听到的、说到的，全是乱了阵营的内外关系，一起睡的人不再固定于内人，而是人家的内人、咱的外人。

这年头再议论"第三者"的长短是非，都有些老帽儿，落伍了。30年前因为插足者稀缺，第三者一旦出现，必受人瞩目，什么样的批判跟诅咒都能燎原，最后必然烧焦那个多余的角色，叫你再不识相、再没脸没皮！现如今形势不同以往，找个没被插过一脚甚至几脚的家庭，还蛮困难呢，寻个只有第一者和第二者的稳固爱巢，更不容易。一不留神，我们就被一部分人的前卫给洗了脑，变得越来越开通，越来越能忍受，也越来越不在乎。

谈恋爱时第一不可以怀孕，第二不可以借钱给男人。@向表姐看齐但即便再开通,再能忍,再不在乎,也照样摆脱不了遭遇插足的愤怒和痛苦。想那戴了绿帽子、被人偷到片甲不剩,还能假装视若无睹的,应当算高人了。高人毕竟少,而且他们之所以强悍,盖因心里没爱。对配偶没有爱意,自然聚集不出恨。生活里凡人多,婚姻存续间配偶的背叛对一般人来说,都是致命打击,我们宁可不洒脱、不通达,也要把第三者赶出去。保卫婚姻其实也是保卫自尊。东西好不好还在次要,关键是它从属于我。我没放弃它之前,你不打招呼就弄去,不是剽窃又是什么。

捉配偶的奸和追击第三者,无不出于保护自身权利之目的。尽管有时候这权利就是镣铐、牢笼,禁锢得我们疲惫不堪、喘息困难,但它事关尊严,并牵扯到物质利益,所以,第三者必须打击。只是,如何打击更切中要害,这是一门学问。平常所见对付第三者,多以被插足家庭的难主,即倒霉又无辜的第一者去执行,办法无外乎对第三者进行追踪、侮辱、蔑视等手段,但效果很次。人都具有反叛精神,压力之下必然有反抗,很可能插足者本来只想玩玩而已,经你铺天盖地这番闹腾,令他颜面尽失,为了赌气第三者也会把你取代、成为你配偶名正言顺的正室当成奋斗目标。

所以,应对第三者插足,要有周全的法子。兵法上最无形的狠招

男女之间性驱动,只是门槛高低不同,有人拿爱情做垫脚石,有人拿钱,有人凭貌。@我是一邪到底的KIKI

当属"不战而屈人之兵"。为收复失地,咱也要想方设法去不战而胜。首先要思考的问题是,面对第三者的挑衅,用得着亲自出马征战吗?而且,即使咱亲自上阵,也要搞清什么是主要矛盾,与其将仇恨全发泄在第三者身上,不如先把自家老公或老婆收拾了。

第三者能成功插进一腿,主要责任在你的配偶。擒贼先擒王,不管主动被动,配偶的主观背叛是第三者进攻的契机。内人比外人难收拾,闹得凶了,他干脆破罐子破摔了,不闹吧,脸皮厚实的家伙还以为你好欺负,更加为非作歹。作为对家庭负责的第一者,首先要挽救失足配偶,要让他认识到出轨会使家庭倾覆,令亲者痛、仇者快,而且很可能因此折寿并损失金钱。

收拾配偶时要注意,围剿不如招安,千万别没完没了地哭闹和审讯、责难。两口子认真地谈谈,要给予出轨者足够的尊重,人家也非故意要变心,要么情之所至、难以自禁,要么好奇心使然、寻求点感官刺激,只要肯及时回头,改了错误依然是好同志,没必要揪住不放。另外,对配偶的出轨你可以怀恨在心,但没完全清除第三者之前,一定要做宽容状。你表现得越大度越忍耐,配偶的心理负担越沉重——良心会叫他坐立不安,以为自己实在不是个东西,这么好的爱人都不珍惜,再不收心,真要遭天谴了。

有的女人去工作不是为了让男人看得起,而是为了在发生变故时能活下去。另外,有些男人即使女人勤快成机器人也不待见女人,别把他那点意见当回事,他也就是没本事换人而已。@水榭黄昏因此，婚姻保卫战中，咱作为狙击手，没必要和第三者大动干戈。即便对方纠缠不休，摆出非夺你城池不可的架势，你也不必和他过招，只需将配偶收编到你的战壕，你们夫妻联手联心，任第三者折腾上了天，他也无孔可钻。外敌入侵时最怕窝里反，所以即便你对配偶的出轨多么介意，在第三者没完全退兵前，你也要替配偶着想，尊重和爱护他，尽量瓦解他的二心，最终使之相信，你是世间对他最好的人。收人要收心啊。

安内之后再攘外，就容易多了。除了良心大大坏了的少数人，很多第三者也是不小心、不经意才陷入尴尬局面，对人家的丈夫或妻子动情，明知违背道德和伦常，但爱如潮水袭来，跑得慢或考虑不全，都可能失去自救机会，任海水没顶。大多数第三者往往一门心思爱半天，最终除了收获一个破烂名声和满身疮痍，再无其他好处，他们也是悲剧的主角，和被插足家庭的难主一样，都是可怜人。既然同为天涯沦落人，相逢一笑泯恩仇也不过分，鱼死网破是最没水平的。

都是成年人，都知道游戏规则，别人的东西即便抢过来，也是二手的旧货，不值钱，一旦一起过了家家，才知道对手无论是谁，都不妨碍游戏的进程。这结论让人心寒，但事实如此。因此，对付第三者

鱼粉妙评

好的前任应该像死了一样安静！如果忘不了前任的人求求他们放过现任吧！现任做错了什么？ @一姗庚比一姗高

不必亲自出马,关键是要团结配偶,让第三者感受到势单力薄,其进攻自然形不成威胁。时间一久,第三者也被拖疲沓了,他便明白,人在世间还有很多事要做,为那劳什子的爱情拼命,或由此失去尊严,不值,彼时自然鸣金收兵。

鱼粉妙评

女人有没有能力买奢侈品是一回事,愿不愿意买又是另一回事。@mio528

第二辑

爱也真心,不爱也实意——
一问对错你就错

真心男人是啥样

总有爱火熊熊的MM问某顺："怎么判断他对我是专心的？"此疑惑显示着女人的不自信，和对感情的把握不准。女人多重情，爱上一个男人就全心投入，哪怕对方是贩夫走卒，也容易将自我都让这爷房了去，表现为对男人的一举一动分外在意。殊不知有些男人是很贱的，没女人亲近时，他连吴妈都惦记，等到真有个女人时刻关注他了，他又会担心从此被一女桎梏，不能再享齐人之福。

也别说，现如今男人有的是机会风流浪荡。就业形势紧迫，一些家境不好又自立无门的小女生，主动被动间就把猎取已有点事业基础的男人，当作留在城市和减少奋斗历史的跳板，一些老男或半老男因此焕发了革命青春。还有些大龄姑娘，年轻时挑三拣四，一不小心就成了尴尬的剩女，当下的小男人惦记她们的钱财，老男人又嫌她们不够嫩，而岁数合适条件匹配的男人都有老婆孩子了，搞得她们上下求索左右突破，终无所得，只能给一些已婚男人做了暧昧的红颜。

什么都想要，就什么都得不到。记得这句话。@屎样人生不论是为了安身立命而将自己奉献给男人的小MM，还是为嫁人才委屈自个儿成为出墙男人感情陪练的老MM，都容易把男人奉若上宾，敬如佛神。男人有点风吹草动，女人这厢就翻江倒海了，醋坛子打翻还是小事，顶多酸味弥漫。就怕有些女人钻了牛角尖，以己之心度男人之腹，以为他和自己会有将来，如若不是有其他女人诱引，他就能跟自己百年好合了，因而对情敌恨之入骨，甚至做些不伦不类的事来毁坏自己在男人心中的形象。这样的女人是精明过了头，什么都算计到了，唯独忘了男人天生热爱粉黛三千。

所以，兵法完全可以当作情爱的葵花宝典。

对待男人，要以逸待劳，要声东击西，要欲擒故纵，要浑水摸鱼……不可笑里藏刀，不可趁火打劫，不可无中生有，不可釜底抽薪。要让男人当你是最厚道最宽容最母性的女子，而非教男人想起你便浑身哆嗦，以为不甩了你就无一日安稳。

最狠辣的一招是要假痴不癫，关键时刻一定要首选走为上计。痴情要分对象和时间，面临对方的情感游移，主动放弃是上上策。所谓愿赌服输，就是教我们重视止损点，千万别纠缠。**男人要是变心了，**

> 鱼粉妙评
>
> 男人不履行丈夫的义务，出轨，但他又不想离婚，妻子可以去法院起诉离婚呀，法官会支持的。@朱雨安的日记本

任女人用滔滔江水般的眼泪鼻涕也挽回不了。与其让他自以为是被女人争夺的香饽饽,还不如先下脚为强,痛快踢掉他,让他陡然失落吧。

说到这儿,肯定会有妞又要问了,怎么判断他该被咱踢了呢?

是啊,啥样的表现才说明这男人心里没你?这是一个严肃的问题。但总有些蛛丝马迹会成为变心的把柄。比如:

1. 他从不主动联系你,十天半月不见你,也如无事人一般。——喜欢你的男人一定想见你,他的激素正旺盛分泌,不找你就找别人了,所以,那些长久不主动的男人,一定有猫腻。

2. 发短信给他,他一向不及时回复,甚至你发三五条他也没动静,隔了 N 日后再告诉你,"忙"。——你别信他真有忙到连短信都无法回复的状态,男人的忙是相对而非绝对的,吃饭上厕所坐车的工夫,都可以回短信或打个电话报平安。拿工作忙做借口的男人,他千真万确只想疏远你。

3. 他没为你花过一分钱,两人约会时他也从不反对 AA 制。——稀罕你的男人会想方设法取悦你,礼物就是沟通的渠道;爱你的男人也

本来挺赞成女孩子主动一点,但那是在男孩对你有意的前提下。如果男孩无意、冷淡,即使再喜欢也不要主动。@晓枫之岸

不会跟你借钱,让心爱的女人花钱,他脸上无光、心不踏实。那种送你个发卡都摊进恋爱成本的男人,是最无聊的家伙;还有习惯和擅长让女人花钱的男人,都是软饭吃顺口了的师爷,你要是还没认清其嘴脸,那就且等着给他骗吧。

4. 和你在一起时摆出大老爷的谱儿,让你小心伺候全面照顾的,又一点点感动都看不见的男人,也不是啥好玩意儿。——今日他当你是家庭服务员,来日你就是他奴役的下人,永无翻身之日。别以为他在谁面前都这样牛皮哄哄,男人要是爱哪个女人,就会把这女人当宝供着,哪里还舍得伊人为他做事?即便女人强要为这男人付出,他也会给女人丰厚的物质回报,岂有白享受的道理。

5. 从不让你见他的朋友和家人,不给你机会在他的圈子公开露面,也对见你的亲朋没有积极性的,都是另有打算的男人。这样的男人要赶紧踢,千万别脚软。——男人要是爱你,就会以你为荣,很乐意你融入他的生活中去,反之,你最多是他的一个红颜,或者性伴侣。这样的男人很狡诈,和你在一起时也温柔体贴,但就是不能指望他的心中只有你。

6. 还有什么?忘啦,各位可以补充了!

一定要做个有底线的人,知道什么才是真正对自己好,否则将来被抛弃,你再怎么质问他怎么可以这样,你都不会得到同情。@亲爱的伊拉

男人的行为解读

"他心里到底怎么想的?"这是某顺做咨询工作以来,见到的最多的问题,每次某顺都说:"你管他怎么想?你只看他怎么做就好了,要是这男人不能给你快乐,即便他内心再波澜壮阔,又与你何用何干呢,你又干吗不踹了他、非要活受他这份气?"但某顺每次这么说了,都被人指责态度僵硬、缺乏办法——所谓办法,无非是挽回不该挽回的心、拉住不该拉住的人,可某顺偏偏最尊重客观现实,叫我说假话、出不实用的招儿,门儿都没有。

某顺以为没门儿的事,很多妞儿都半信半疑,她们会想:没门儿还有窗啊,男人也不是都铁板一块,他对别的女人刻薄、对我应该是真心的啊,要不然他咋会……此处略去若干字,因为这些字每个女人讲来都差不多,无非是他曾经对她有多好,她曾经为他付出多少,"他不该也不会这么快就翻脸变心吧?"

他并没有因为多次射精而失去精明。你却因为不断高潮而把脑袋烧开锅了。@mQney

女人的自问自答从来都是偏离男女关系的主航线的，女人善于给男人的行为升级到无公害也无内耗的境界，直升到男人自己都恍惚。因此，经常有哥们儿问某顺："你博客上那么多傻妞，怎么我就碰不上一个呢？"其实他也不是真没碰上过傻妞，对多数男人来说，他碰到的多数女人都够傻，只是男人天生贪心，总羡慕其他男人碰上的女傻子比自己碰上的这个还要傻得更有水平一些，所以他眼红。女人和女人爱比谁找的男人最有前途、最疼爱她，男人和男人则爱比谁找的女人最傻瓜、最听摆布。可惜女人们不懂这个，前赴后继地做傻瓜，还都乐此不疲，这才把男人给惯坏了，惯成女人完全看不懂的异类了。

某顺早说过，没有推己及人的心，你休想了解男人，你也更难把握你和他的未来。所以某顺决定为女人解读下男人的常见行为，事先提示：看完之后你千万甭再问："为什么男人是这样的？"只需照单对照你眼前那个人，你就不会做错事、梦错人。

1. 开始的时候他很主动，上完床他立刻变样了，没有先前的主动不说，态度还越来越糟糕。——代表这厮只是拿你当性伴，你的作用等同于床单，睡完他就起身忙他自己的去了，他没必要再耗费时间陪床单抒情。这时你最好把自己卷起来，能离他多远就多远，以免寒了自己的心，也让他打心眼儿里瞧不起你。咱何必呢，哪能被他睡了还

鱼粉妙评

女人理解的爱情多是男人的物质付出加精神关爱，但除了少不更事的小屁孩被性欲冲昏头脑外，几个男人认同爱情是自己不但付出精力、体力还要付出财力的？ @曾经帅呆过

被他瞧不起是不是?

    2. 他不微信你,接你电话也三言两语很勉强,但之前他不是这样的,之前都是他电话短信你,而且很频繁,现在全变成你电话微信他了。——代表这厮移情了,就算还没有别恋,他也不想继续和你的关系了。一般情况下,这种事都是发生在上床后,你床上得越早,他变得越早。须知男人上床前的急切和上床的怠慢,是一个必然的过程,这过程连贯而有逻辑,其实不是男人变了,而是男人本身就这么一种天性,你不相信逻辑和必然的东西,你当然显得很蠢。

    3. 你和他吵架了,因为你怀疑他还有别的女人,在证据面前他暴怒,骂你不尊重他、嫌你跟他不一条心。"我忙得要死,你做不了我的坚实后盾,还在这中伤我?我看我们不合适,分手算了!"——他发飙时的话,你千万别当真,知道什么叫虚张声势和拉大旗作虎皮吗?这就是。你的直觉一般不会错,你的怀疑九成很靠谱。他虽然有了新欢,但目前他还没准备完全不要你,所以他不会承认他乱搞的,等他哪天肯承认有新欢了,那就是他坚定决心要换掉你的时刻了,彼时你就算哭破天,他也很难心疼了。

    4. 他在冷落你一段时间后,突然主动联系你,说"想你",迫切

    要是我老公工资全交家务活儿全干,我天天得跟嘴上涂了蜜似的哄着他,生怕哪天他醒悟过来不干了。@ 天枰的梦想

要求见面，滚完床单后他又变成了老样子，对你不理不睬。——男人说"想你"时，一般言下之意是他有生理饥渴暂时找不着别的女人解决、需要你火线救急。假如你当他真是想你这人、想你的温柔体贴、想你对他种种的好，那你就错得不可救药了。其实他想的只是一个女人的身体，连确切面容他都不在意，他找你解决性需要，只是因为你离他最近、你最省心，睡你成本低到搞不好房费都不用他负担。而且，一般女人都能做到你对他的那些好，因为一般女人都和你一样傻，所以你千万别当只要咬牙对他好，他就能给你个结果。

5. 你收入没他高，在一起的费用却多是你负担，因为"他都是卡，而你们去的多是要现金结算的地方，就算能刷卡他也怕被老婆查到……所以多是你埋单"；他总说要给你钱，要送你这个那个，但你始终看不见一根毛。——这样的鸡贼男人你就快当他是鸭或性器吧，别再幻想你是他什么人，在他眼里你就是一自动送上门的傻妞。某顺懒得说更多，只强调一点：爱你的男人，一定不是只舍得给你精液的。

6. 分手后男人偶然还去你空间，还跟人打听你，还给你发节日祝福，搞得你心乱如麻，想不通他为什么主动离开你后又这么缠绵悱恻，是不是他回心转意了？——这思路一定要彻底扭转，因为它关系到女人犯二回傻，是让一个苍蝇进嘴两遍的巨傻风格。其实男人找女人，

先活出满意的自己再找满意的男人。@千岛寒流又回来啦

就像部队开拓新世界,不断前进中不断插旗,等部队征战到了远方,走过的地方多数都没旗或换旗了,但他还是间或会遥想下当年,这叫什么来着?你说是回顾也好,是总结也好,反正绝不是准备回头啃你这根旧草了,你且死了那永不瞑目的心吧。

7. 当你用某个男人刺激他,想让他珍惜你、对你好点时,他的表现一般会有这么几种:暴跳如雷、无动于衷、插科打诨。——这三种态度都不代表他爱你,呵呵,惨不惨啊女人?暴跳如雷是他恼火自己还没来得及找上其他女人呢,你竟然走他前面去了,这打击了他作为爷们儿的自尊;无动于衷是他早盼着这一天了,他用冷淡终于逼你"犯了作风问题",他从此出轨或甩你都无后顾之忧了;而插科打诨是他根本不在意你的表演,他在那想:你也只不过是我的之一,所以我是你的之一也正常啊,但他以后肯定要带套工作了。傻妞们往往以为用其他男人能刺激这个男人更爱自己,结果总是适得其反,你只会因此让他决心远离你。

8. 其他。男人的行为太多,一篇文章也解读不完,只能在这里做个笼统的提示——他不带你见他亲友,也不肯见你亲友,那是因为他目前认为和你没将来;他带你见他朋友但不让你去他家,那是因为他朋友圈都是和他差不多的人,或朋友们能接受他不断变化的女伴;他

男人怕负责说白了就是看不上你,跟其他无关。@向表姐看齐

开房吃饭花钱，却从不给你买礼物，更不提和你一起旅行过节等，那是他把你限定在"现任女友"上，要知道现任女友可以很多，所以他没那么多钱给每个女友送礼或哄你开心。开房吃饭的费用之所以他还肯负担，那是他认为倘使连这个钱都不花，他就是你的用品了，他这大老爷们岂能做你一婆娘的性工具？

还有，妞们千万别当自己姿色尚存、条件尚可，他各方面都不如你，就想不通他凭什么不要你了。你得永远牢记男人的赏花水平——对于少男少女，他们是喜欢差不多岁数的异性；但对于30多岁的半老女人来说，你最合适的婚恋对象是50岁上下的男人，只有他们才会对你保持比较久的性趣，等他性趣转淡或彻底搞不动了，他也只好收心和你过下去了。如果你是30多岁的女人，找同龄男人，很冒险，因为30多岁的男人找刚20岁的妞，便宜得如同逛超市，随手拈来；如果你找小男人，那你是无形中给自己增加被抛弃的概率，而且你也想想，有出息的男人，有几个专门找老女人的？除非他缺母爱或有其他目的。另外，女人甭拿"我虽40可我像28"来自欺欺人好不好，因为男人们在一起，都比谁的女人小，而不比谁的女人看着不老。

又及，男人想什么做什么，其实都不要紧，要紧的是女人你不接纳人家的想法做法，还死活要跟人家扛到底……我常说有些女人不仅

一般情况下是男人对看不上的女人怕负责，对喜欢的都哭着喊着要负责。
@我的昵称素心儿

傻，且善于自虐，明知他跟你没后戏、他只拿你当过客，你还哭着喊着跟人家讲爱情的重要性、忠贞的必要性——你这不是为难人家也折腾你自己吗？

男人的不想谈恋爱＝不想和你谈恋爱，不想负责怕负责＝不想对你负责只想玩你。@乐渚

男人的出轨征兆

写本文前,先向所有女读者声明:本文列举的种种勾当,如有雷同,纯属偶然,请勿找某顺求证或找你男人对质。尤其提醒各位:本文只是个大概率的总结,不排除你男人就是天上掉飞机,地上中头奖的那一个另类,若你男人的行为不慎与大概率雷同或近似,请相信你男人是干净的,不然你的婚姻你的感情就无法伪装和谐、勉强维持了。某顺这里总结的都是你邻居你亲友你同学你同事的案列,与你们无关。

男人出轨后往往有"良心发现"和"泯灭良知"两种极端状态。

前者"良心发现"款的,属做贼心虚。偷嘴回来就使劲讨好配偶或伴侣,会比出轨前表现好很多,如,突然间变体贴了,床上奋勇了,床下谄媚了,肯做家务了,不乱发脾气了,原谅你平时那些老毛病了,频频给你买礼物了,你能指使得动他了……如此这些突如其来的变化,往往都是男人的出轨后遗症作祟,他觉得对不住你,可又抑制不了他

活明白不是靠嘴,而是看你每天的心情、身体状态,以及开怀大笑的次数。@泖歌

继续偷的欲望，只有使劲对你好，以此来弥补他良心不安带来的房颤。

后者"泯灭良知"款的，更多见，属恶人先告状。他外面有新欢了他想换人了，他没法迅速实现理想，他就拐弯抹角地让你对感情对婚姻先失措再失落，而后沮丧到不得不考虑放弃。具体做法是他没完没了地挑你的毛病，说你这了那了，反正你浑身都是错，说他在你跟前找不着温暖和归属感，说你给不了他想要的东西，说他想出家想遁世想离开这人间，跟你分手后他再也不找女人不要家庭了……反正他会让你以为自己特浑蛋，他离开你实在是被你这浑蛋逼不得已了，等你真咬牙离开他，没俩月你就发现，他原来只为换个女人，就把你打击到横竖不是人的份上。

对于出轨惯犯和坚持"红旗不倒，彩旗飘飘"的老玩家来说，上面这两种极端态度都是幼齿行为，很不受正经爷们待见。成个家不容易，应该稳定压倒一切，和谐才能发展嘛。本着多一事不如少一事的原则，出轨惯犯和坚决不离婚的男人，一般不会因出轨就对配偶伴侣的态度有大起大落；淡定是这拨人的特点，往往天下人都知道他有小三他养二奶了，他老婆还蒙昧不察，无他，盖因这厮始终表现如一，外面有没有女人，在家该做的事他都做了，老婆看不出他的起伏，也就难以发现他的隐私。但常在河边走，哪有不湿鞋，再有心机的爷们

分手，意味着互相不合适，那性关系就单纯是动物性发泄，你为啥要满足他呢？ @我是一邪到底的KIKI

也摁不住心有七窍的娘们那天生的直觉，更别说当出轨对象是有胸无脑的芭比娃娃或想篡位转正的半老徐娘时，女人间的暗战会使本不该暴露的暗道也被冲出地表。

痕迹是这样一种东西，你忽略它的时候，就什么也看不见，而你在意它的时候，眼前就格外的精彩。好多女人因此发现自己男人是多么经不起考证，一考准露馅儿，而且他那丑行丰盛得叫女人目不暇接、无言以对，一旦揭穿，连日子都没法过了。所以，柒顺奉劝婆娘们，如果你还想跟他凑合到老，本文就看到此处为止，再别往下扫一眼了，否则你准后悔，准抓狂。

柒顺在微博上做了个小问卷，请曾经被出轨的女士写出她们识破男人偷欢的渠道，结果就有了以下内容。各位婆娘可以参照下，若你男人也有这些表现，你最好现在就开始转移你的财产吧（在不违法的前提下）。

1. 没事爱照镜子爱傻笑，有点事就更刻意装忙碌。

2. 不定期身体抱恙，说他这里那里不爽，其实是在外面累着了，回家就为抓空休养。

鱼粉妙评

没有几个离婚是为了奔着再婚去的，但大多数都再婚了，只能说遇到那个人才知道，原来可以这样活。@__泪 127343596

3. 无故献殷勤，动辄表衷肠。

4. 电话他十次有九次不接，百分百是和人家正热火朝天。

5. 突然不发脾气了，加班多了、出差多了、应酬多了、开销大了，回家就爱说他累了。

6. 生活规律反常，说话出现漏洞、前后矛盾，眼神扑朔、神色异常、举止焦躁。

7. 不守着你网上聊天了，回家不上 QQ 不玩微信了，常用信箱的密码换了，跟你强调要有个人空间了，不爱听你絮叨了。

8. 与你滚床单次数减少，不勃起次数增多；他说"老了累了没心思搞这个了"，让你以为他没精力跟别人乱搞了。

9. 过去对你很热情很体贴，现在对你很冷淡很马虎，你问他咋了，他会说"爱情已经变亲情"，还会说"工作很忙压力很大，你就不要再给我添堵了"。他会一声不发地消失几天，回来后气定神闲地跟你

有时候选择为了自己的好心情活的，活着活着就活得比一般人强了。年轻时先顺着自己的心意走，因为你直接走别人安排的路，即使是坦途也走得心不甘情不愿。@我的昵称素心儿

说，他自己一人散心去了。"不解释也不想解释"，就是他给你的最好解释，若你因此和他闹分手，他会说你不理解他，你都快把他累死了。

10. 手机不离身，联系密切的那号码没名字或是个男人名。回家就关机充电的，是怕你看到不该看到的东西；回家就算上厕所和洗澡都带手机进去的，也是怕你看到不该看到的东西；宁可错过电话也要来电提醒设置成震动的、短信不断却阅后即删的，还是怕你看到不该看的东西。

11.……

姐又懒得写了，光上面内容已经够赚男人骂了，算了，这回咱就到这里，就到这里吧。

鱼粉妙评

没孩子，没财产纠纷，好兑，就当谈了次恋爱。@小昊天158

男人深情对美女

> 你的眉目笑语使我病了一场
> 热势褪尽,还我寂寞的健康
> 如若再晤见,感觉是远远的
> 像有人在地平线上走,走过
> 只剩地平线,早春的雾迷蒙了
> 所幸的是你毕竟算不得美
> 美,我就病重,就难痊愈
> 你这点儿才貌只够我病十九天
> 第二十天你就粗糙难看起来
> 你一生的华彩乐段也就完了
> 别人怎会当你是什么宝贝呢
> 蔓草丛生,细雨如粉,鹧鸪幽啼
> 我将迁徙,卜居森林小丘之陬
> 静等那足够我爱的人物的到来
>
> ——《眉目》

鱼粉妙评

有时愚蠢的娘家人就是家暴男的帮凶,配合家暴男不让你离婚,家暴男更加有恃无恐,因为他认定你不会离开他。@萝卜丝k

这诗是你们推崇的一位用情至深的"大家"写的，情诗，准确说是"失情诗"。即便你只粗读一遍，也能读出男人的爱情长短主要与女人的美貌程度相关。也就是说，若你有沉鱼落雁之姿，你主动离开男人，至少能让他痛苦三年，若你只是中人之姿，他可能难受三天就移情别恋了。毕竟男人是下半身动物，一射精就解决了一多半的愤懑忧愁，所以，别再声讨你前任有多混账、一分手就把你忘了，你看让你们高山仰止的"大家"也是这样"看貌投情"，你们还怎么苛求那些转身即忘的普通男人？再不赶紧美起来，你就继续做"第二十天你就粗糙难看起来"的旧人，被男人们好好笑话吧。

　　哦，上面这首诗是木心写的。木心的成就够大家吧，木心的诗写得够深情吧，你们前段时间还那么崇拜他，看了他这首诗是不是立马心凉半截。说真话总是能令你们心凉，所以某顺即便已经让你们烦、让男人恨了，还是坚持继续令你们心凉，因为，只要你们的心不凉，你们就会永远无视真实的世界，你们就会再绊倒在相同的沟坎儿前无数次。某顺不忍你们一次又一次地绊倒，就只能继续做坏人、一次次用冷水浇透你们。等你们醒了，你们会知道，某顺不是为挣钱才鼓动你们上女性魅力短训班的，而是无法忍受你们继续被男人轻视、慢待和忘记了。窃以为，就算分手，也该是女人抛弃男人才对，因为男人的体形和内心貌似都更强大一些、更能承受分手的痛苦。把被弃的痛

鱼粉
妙评

　　谩骂、冷战、动手，都属于家暴。父母还觉得谁家没有摩擦啊！一定得出了事才会说我要早知道……我就……那有啥用，后悔不值钱了！@阿眠每日家情思睡昏昏

苦转嫁给男人的唯一渠道，就是让你变成傲娇的美女，得像能击垮青年木心的那般力度，美得花枝乱颤、令他情伤重到难以痊愈才好，而不是第二十天他就生龙活虎地去追其他女人了。亲，你嫌男人不深情，只是因为你长得不够美呀，思密达。

要做美女，要做男人放不下的女神，而不是放不下男人的弃妇，这是某顺最近两年一直在传播的思想，不论你们现在懂或不懂，将来你们就会知道某顺又走在你们前面了，像以前一样。过去，我说的每句话、我写的每个字，你们接触之初都接受不了，可是后来怎样呢，后来你们用亲身经历一次次验证了某顺的说法，你们才信了我，从最初的看热闹变成真正的跟随者。现在也一样，我让你们不惜代价变美，我告诉你们变美能改变你们的人生曲线，你们依旧将信将疑甚至不屑一顾，但过些年你们会用亲身经历再次验证某顺的正确。某顺是不代表真理，但某顺代表真实，某顺是真实的表达者，你们不想面对的真实世界，我必须先逼你们看清了，才能帮你们因看清而早早醒悟并早早受惠。一直不接纳现实、一直和现实拧着干，等同于过去年代的大炼钢铁，你以为你苦一点也能奔小康？你炼出一堆废铜烂铁一点用处没有，尤其对男人没用。你们不需要男人也就罢了，但凡还需要男人，你就得按照男人的需求来精炼自己，成为男人需要的精美女人——婚恋市场上你想把自己推销出去，你除了按需（男人）提供产品（自

鱼粉妙评

你的过去没必要告诉任何人，也与后来认识的所有人无关。@微风轻轻起 2658

己），还能做甚？某顺都告诉你 N 遍了：男人就是只要美女，你准备怎么办吧。

不要说"我才不管男人想要什么，我就要做我想做的女人"。拜托了祖宗，你要是拉拉的话，你的志向我坚决拥护，问题是你并非拉拉，你还想得到男人，你还想男人对你深情款款念念不忘。若不按男人的需要提供男人想要的女人，你还能得着什么呢，无非是一次次被弃、一次次被否、一次次被淘汰呗。我真不想看见女人们因为被弃、被否、被淘汰，而变得仇恨社会和仇视男人。男女的世界原本可以莺歌燕语的，只要你肯哄好男人便得。而我提倡的哄男人之第一招"变美"，也是能让你自己更满意自己、能让你在人群中更受欢迎的办法，你为什么就那么害怕变美呢？你就那么仇视美吗？人美到底有什么错？！

美起来也是一门学问，现在某顺做的事就是帮助已经在情感泥坑里几次三番摔倒的女人爬起来。你把外在捯饬漂亮了，才能吸引男人为你折腰，他都为你折腰了，你还有什么目的实现不了？你总不会就喜欢男人今天睡完你明天便要踹了你吧，你总该乐意做让男人乐不思蜀紧追不放的女妖精吧。对女人而言，性福到了，幸福也就近了。得不到性福的女人都是男人不爱睡的那款，什么款？丑款——对不起，

|鱼粉|
|妙评|

感谢渣男不娶之恩。@石拉格微

某顺又令你们不舒服了,但某顺今天是跟着你们崇拜的木心老师的诗歌走的:

不要做仅能让男人不痛不痒的"那点儿才貌"女人,要做就做能让男人心肌梗死马上风的艳媚女人。唯如此你才能再也没有什么"放不下"和"舍不得",唯如此你才能花到男人的钱。(都不忍心再提醒你们了,男人不给你花钱,只有一个理由:他认为你的姿色不配他花钱!)

去配一把钥匙都要试一下才知道合不合适,更何况婚姻呢。@ 山野农村人

最讨厌男人榜单

常有男人写信或电话问某顺:"我比她现在那个男人的条件好多了,我更爱她、更适合她,她为什么不选我而选他?女人是不是都傻着咧?"——被女人嫌弃,却不知女人为何嫌弃自己,一些男人也过于自信了,常年不揽镜自照的后果就是这样。某顺做过一期"你最不喜欢什么样的男人"的互动话题,表面看像是男人的批斗会,其实旨在帮助男人们修正德行。良好的修为不仅能让男人成为女人中的抢手货,更能让男人拥有大众口碑、获得人生成功。因此本文对广大男性有非常好的科普作用,能指引各位大爷从混沌自我中走出,有机会靠近心仪的女人,并拥有更美好的生活和事业前程。

总结女人们通过跟帖及短信表达的对男人的嫌恶,分别是:自私自负、心胸狭隘、暴力粗野、抠门小气、自以为是、口是心非、虚伪善变、嘴碎多话、说谎成性、脏话连篇、没有担当、不讲信用、愚蠢无聊、懒惰矫情、外在猥琐、内心龌龊、花心骚情、贪财好色、没有

鱼妙粉评

女人有钱会要求男人更有钱,男人有钱会要求女人年轻貌美。@曾经帅呆过

主见、婆婆妈妈、不尊重女性、缺乏阳刚气、太黏糊他妈。——你瞧瞧，这哪里是男人的恶行榜啊，明明是人性之卑劣面的合照嘛，从而看出女人对男人的期待：希望爷们都是刚正不阿、性灵辉煌的堂堂伟男子啊。然而，爷虽然叫爷，却未必真是爷，不过是长了个那话儿，女人就要求人家变成真正的爷……这的确有点难度，很多男人只是披着一层爷的外衣而已。

不过，就算某顺再替男人申辩，也不能避免男人们正面临的现实拷打：女人们就是这么细腻，就是这么事儿多，就是这么会"以管窥豹"，男人你要是做不到让自己变成一个大写的人，就只能在女人的放大镜前变成一只等待摁死晒干的地牛（地牛这东西，据说干尸是药材，能治咽炎等，但活着时很不招人待见，因为形丑身小，还没有大作为）。用地牛形容某些男人，希望不要招致他们对某顺的文字痛贬，要知道上面那些最被女人嫌恶的毛病，你若都具备的话，我说你是地牛还算抬举你呢。当然，我也相信没一个男人能够同时具备那么多坏毛病，比如"暴力粗野"的男人，就不可能"婆婆妈妈"和"缺乏阳刚气"嘛。女人的好恶有时会缺乏客观和逻辑，但你要真是被女人嫌恶，不管人家是否客观、有无逻辑，你不都得被淘汰吗，所以，各位爷还是得正视这张最讨厌男人榜单。

任何压抑的生活都不值得过。不管你是离是忍，奉劝你不要生孩子，到时候你就知道在一个畸形家庭里养孩子的苦，是你现在所感受的一百倍。@倾城︵月SQ

回看这面镜子，不知能让多少男人又羞又恼。在男人的成长经历中，可能从没有这么集中地遭遇过如此多的指责和打击。其实很多问题真是性情使然，性情又最不好改，所以男人们还是乐意自我蒙蔽与互相蒙蔽的。爹妈看得清，因为你是他们的孩子而永远原谅你的缺点；同学看得清，因为和你没利益冲突而基本无视你的缺点；同事看得清，因为合作关系更因为巴不得你表现差到能被领导发现而纵容你的缺点。只有靠近你的女人，因为想得到一个她们期盼的大男人好男人，才会不断要求你改、给你提意见、帮你做造型……只是大爷你已然被性别优势糊弄了太多年，也缺乏彻底改过的勇气，还可能是你根本就不以为自己的问题算毛病，当你认定女人是在吹毛求疵、鸡蛋里挑骨头、故意找你碴时，你就再没机会像个真正的爷了。

　　从一定程度上说，女人的需求就是男人的一面镜子，你做不到十全十美不要紧，关键是不能一身疤癣和烂疮，让女人想用你仅剩的那点优势来遮你的丑都无能为力时，你就没法留住女人了。所以，假如你拥有上述榜单中的很多项，恭喜，你这辈子都难找着一个肯跟你白头到老的女人了（智障脑残女除外，没丁点儿羞耻心及工作能力、独立生存能力都缺乏的女人除外）。假如你只是具备其中一些，还好还好，很多女人都有母爱胸怀和现实头脑的，她们会尽量忍、使劲忍、一直忍到死。因而你不会缺配偶，只不过很可能要和你心仪的女人错

鱼妙粉评

恋爱时所有的不满意，在结婚以后都会放大。@王162600376

过，而只能与勉强将就你的女人凑合一辈子。

  尽管不完美的男人最终也都能找到对眼的女人，但有些毛病是绝大多数女人不能容忍的，比如暴力粗野。男人的很多毛病，像小气自私、贪财好色、自以为是等，很多女人也具备，所以女人们一般能推己及人地原谅。但家暴会让女人吃尽苦头，女人当然害怕与你成亲，就算你婚前伪装得好、婚后才开始施暴作恶，但凡有点理智的女人，都会想方设法离开你。所以，要不要做一个十恶不赦的坏男人，请男人们自酌。

粉丝妙评

男人和闺蜜不要抱团交往，否则就是鸡飞狗跳，鸡毛狗血。@向表姐看齐

有些男人不能碰

年轻时谁没犯过浑？年轻时谁没发过痴？成长，就是在一次次被人伤和伤别人中完成的。幸好有些人敢于反思，我们才有机会看到别人的忏悔，才能原谅自己曾经的幼齿行为。但有些错误是可以避免的，有些曲折是人为制造的，若你不是一个有着强悍心灵的女人，最好主动剔除一些可犯可不犯的昏着，以免今天的经历成为你明天的负担，害你半辈子都纠结其中。

某顺总结了下，有些男人是初出茅庐的女孩不能靠近的，他们具有"毁女不倦"的特性，类似于专门对付痴情女人的干冰，谁挨他谁倒霉，建议女人见之远遁，不要流连。

1. 有老婆且怕老婆的男人

这样的男人往往是嘴上一套心里一套，他们离不开老婆，还热衷

不要为任何人将就婚姻，每一天都是你自己的，痛苦或快乐都是你在承受。@点墨升香

于和老婆玩老鹰捉小鸡的游戏。他们认为适当搞点外遇，能提高自己在老婆眼中心上的位置。而且，他们欢喜做神农氏，有兴趣遍尝百草，最后还总是嘚吧嘚吧地跟老婆表态："你就是我离不开的人参。"他们很会哄女人，这长处来源于他老婆长期的教育。他们对婚外情人常说的一句话是："我老婆又没犯什么错，且她照顾着全家老少，我找不着离婚借口咋办？"其实，即便他老婆偷人被他逮了，他也不会因此离婚，因为他已习惯了老婆大人的吆五喝六，他更惧怕从头开始建设一个新家庭的麻烦。

记住，若他从不和你在外过夜，也从不和你一起过节假日，和你的幽会都是白天上班时间翘工抽空完成的，你就永远不要幻想他会娶你了。跟这样的男人混，只能把你的年华混成一段哀乐，悲情结局是无法避免的，受伤的那个人也指定是你。这样的人一般还有个特点：出手很吝啬，因为他老婆没给他泡妞的开销，你和他发生爱情，肉体、钱包你都会吃亏。这种男人巧舌如簧，特会挖掘你的奉献意识，而你一旦上套，最后血本无归不说，还可能被他老婆四处糟践你的名声，说你上赶着卖，证据是你给他花钱了。所以，如果你要偷已婚男，一定要用他给不给你花钱以及他能给你花多少钱，来衡量他的感情投入程度，否则你很容易成为傻妞的代名词。

鱼粉妙评

养儿防老，这个真的过时了。养孩子是因为喜欢孩子，而不是为了给自己养老。不然老了以后会失望的。@lynnfish2010

2. 和前女友或前妻掰扯不清的男人

有些男人恋旧，还摇摆不定，跟红玫瑰时想着白玫瑰，跟白玫瑰时想着红玫瑰，若白玫瑰红玫瑰都不离开他，他还惦记紫玫瑰和黑玫瑰……貌似始终身心分离才叫感情饱满的男人，即便和你有结果，这结果也是噎人的、难咽的、憋屈的。这种男人最爱制造两女甚至几女抢一男的局面，搞得每个女人都疯疯癫癫哭哭啼啼，他才以为他的人生很成功——一般事业有成男是不屑于这种成功的，只有要什么没什么的低碳男才会满足于女人围着他嚎的局面。可惜有些自诩条件不错的妞也热衷于跟人疯抢一块长毛的窝头，并非剩女多到这种地步了，而是女人的小心眼一上来，就不顾死活了。

和前女友或前妻掰扯不清的男人，总有理由辜负你、气疯你。他自己离不开前面的女人，但他说是他不忍心、不能这么不负责。其实他要是真不忍心真负责的话，他也不会离开前面的女人了。他之所以放不下前面的女人，只有一个原因：他跟哪个女人在一起，都不能一心一意。不信你现在和他分手，看他会不会对你这个新前女友深情款款地说："我是想和你在一起的，可我没办法。"很多女人见不得男人示软，男人一假装无可奈何，她就想"拼死抗争命运的安排"了，这恰好中了左顾右盼男的圈套，他一面和你继续暧昧，一面随时都能表

鱼粉妙评

丁克的潜在危机就是，男方老了想要孩子，女方却不能生。@黎黎要上岸

态：我早和你说清了，是你自己死活不撒手的。所以，如果你想玩"几女争一男"的游戏，就先让自己坚定"玩玩而已"的信念，不可当真、不可徘徊，否则你很容易深陷泥潭，自己都糊涂是抢的欲望大还是爱的成分大。

3. 对哪个女人都好的男人

有种男人天生爱当情圣，见个女人就有护花冲动。虽然他未必够格做护花使者，可这逮谁都体贴都细致的习惯，很容易让女人晕厥，以为他对自己是情有独钟就芳心荡漾了，没承想很快发现他对哪个女人都一往情深的样子，最终此恨绵绵无绝期。其实，情圣这种人的存在，对离他不是太近的女人很有好处，但谁靠他最近，谁就最容易被他的多情误伤。他认为他是有原则的，他只是周到客气而已，并非乱抛情、乱撒意。但当下女人情感生活上多是贫苦出身，给个糖豆都能当过年，碰上个一脸是笑、举手投足都透着文明礼貌的男人，哪会轻易放过？而他又不是铁打的意志，被女人攻陷的概率也因女人缘太好而大于其他男人。因此，你若没有宽阔的胸怀，最好别收这样的男人做爱人，你爱不起。

鉴于篇幅的限制，那些太没人样太不着调的男人就不挨个分析了，

没钱生就别拉着无辜的孩子跟你一起下水。凭什么被生下来就得默认负责你的老年生活？自己不会攒老本买保险找护工啊。养儿防老的又没钱的人最自私。@Fluffycoco

以上三类男人是女人容易投情的以为靠谱的男人品种，但靠谱男也未必是你玩得转的。女人，尤其是小女人，还是要斤厼自知：搞清自己是不是他的最爱，也搞清他是不是只有你一个爱人，才可以考虑要不要和他继续。别让自己的人生因经历的男人太多而无限晦涩和沉郁，不然你势必熬成剩女才能嫁掉（还是下嫁）。

鱼妙粉评

　　一个母亲的伟大就是这么来的。不管多困难，不离不弃。@嘘我等你好久了

无止境的马拉松

做咨询的某顺遇到过无数次"绝望的倾泻",事主们都是当时遭遇着他们自认为的灭顶之灾,以为过不去了、以为从此陷入生活的深渊了,就跟某顺诉苦,希望得到提点和安抚。某顺在安慰鼓励他们的时候就发现了,很多人的所谓痛苦,只是因为他们太脆弱。可以说是过往的顺利和考验太少,才让他们有点事儿就抓狂,有点沟坎儿就崩溃。某顺因此写了 N 多参汤和类似于参汤的文字,希望能给这些脆弱的人以振奋和鼓舞,我可没想过做什么专业正能量,但看着咨询者沉沦在不该沉沦的地方,我受不了。

人生来就是为了品尝甜酸苦辣咸的,如果五味中缺了四味,你的生活只有甜,我以为这是既不可能也很可怕的。蜜罐子里泡大的人是有,但谁能蜜罐子里从小泡到老?七八十年的岁月里总会有这样或那样的打击,如果吃不了酸辣苦咸,那么走路摔个跟头都能让你觉得暗无天日……竞争力其实就是抗击打的能力和永远奋争的精神。"始终

有些女人真的拎不清,男人要娃吧,她又作得不要不要的;男人不要娃吧,又指责男人没良心。没钱就少作一点,自己蠢就算了,还拉孩子和你一起吃苦。@言栩宝宝

甜"的美梦是不现实的。既然生活不会永远甜，那就接受时不时的酸辣苦咸，你虽不爱这些滋味，也不等于你消受不了这些滋味，因为你前面经过的路和后面将走的路，多数是酸辣苦咸的，甜只能是点缀、是装饰，绝对成不了你一生的主要走势。了解了这一点才能让你更加珍惜曾经的甜，也才能让你面对现在的酸辣苦咸，能安然自若地接受，而不是颓废和绝望。

不是说不可以嗯哼、呻吟、绝望和哭泣，而是你要直面人生必有的酸辣苦咸，并迅速振奋起来。因为不如此，你只会被现实打击得更凄惨。人是需要自我勉励的，一点挫折也没有的话，还怎么成长壮大？最简单的道理，你小学低年级时都学过了，想成为顶天立地的大树，只能经历风霜雨雪加雷劈虫害的轮番折磨，经历老天爷对树干的一次次修理。树经历的修理越多，树越是坚实粗壮；你经历的修理越多，你也越是坚实粗壮。天降大任必先苦其心志，这绝对是真理。请相信，每一个事业、人生的成功者，都经历过老天爷对他的无数次修理，失败真的是成功之母。

确实有始终见不到彩虹的人，但你想想，只要你在视野开阔的野外而不是在掩体内或山洞里，一生见不到一次彩虹的可能性也根本不存在。即，若你觉得你从小到大都是可怜的、倒霉的、悲哀的，原因

鱼粉妙评

男方条件再好，大多做妈妈的也会舍不得跟自己孩子分开，这种情况理智不来，况且孩子一直都是跟着妈妈的，肯定对妈妈感情更深。小孩很单纯，有时候宁可跟要饭的娘，也不跟当官的爹。@DM 新美

只有一个：你的眼睛选择性失明了。你只看见自己不曾拥有的，却看不见自己始终拥有或曾经拥有的。这是不是偏见呢？你自己说。谁都有先天短缺的部分，一个人拥有这个，或许就不能再拥有那个，而人们都习惯于无视自己拥有的、强调自己没有的……你以为你拥有的都可有可无吗？不对，当你真的失去你所拥有的，你会发现原来丢失的东西更珍贵。所以，无论你眼前的挫折有多大，不论你现在有多绝望，都请重视和肯定你当下还拥有的。

钱没了，家人还在，健康还在，如此就好，咱继续挣钱，慢慢翻身。别说几十年辛劳功亏一篑，褚时健比你栽的跟头还要大、比你经历的磨难还要多，他现在也雨过天晴了。别说对不起家人对不起娃，他们跟你一样注定了要经历人生考验，不吃苦中苦，难为人上人，他们理应和你一起风雨同舟。别说是个人都比你运好命好，你是没看见每个城市立交桥下涵洞里睡着的流离失所的人，你也听不见每一家窗口后的哭泣吵闹。请相信，你一定不是这世上最倒霉最落魄的人；请相信，只要你能撑住，就一定能撑过眼前这段艰难的岁月。人生就是无止境的马拉松，你跑也得跑，不跑也得跑，中途摔倒了受伤了还得爬起来继续跑。既然不跑是不行的，不如换一种态度去跑，这个态度就是：忘记过去、只看前方。

鱼妙粉评

世上安得双全法，自己高兴最重要。@茉茉蔻

婚内和婚外关系

处于情感旋涡中的男女之间的关系,可以分为婚姻关系和非婚姻关系。婚姻关系包括了法定夫妻关系和姘居关系,非婚姻关系包括偶尔的偷欢和经常的偷情。

婚姻关系中的男女同屋而居、同床而眠,决定他们这种关系的是入睡后肯定在一起;非婚姻关系中的男女同床而不共眠,他们对睡着后在哪里不操心,操心的只有在哪里可以躺在一起。

婚姻关系中的男女一起吃早饭,非婚姻关系中的男女一起吃午饭;婚姻关系中的男女吃饭时研究明天谁去交煤气费,非婚姻关系中的男女吃饭时研究下次见面的地点。

婚姻关系中的男女上班时往往一起出门,下班时肯定不会一起回家;非婚姻关系中的男女上班时肯定不是一起走的,但下班后肯定走

鱼粉妙评

不甘心会毁了自己的判断力,旧的不去新的不来,人活着何苦为难自己呢!@大望的天

在一起。

婚姻关系中的男女下班回家采用最节约成本的步行或单车或班车；非婚姻关系中的男女下班时急于赴约，往往不吝钞票，打车快闪。

婚姻关系中的男女周日挽着手臂逛街不怕人看，回到家一般彼此距离不会少于50厘米；非婚姻关系中的男女一向不会在大庭广众之下近距离接触，但只要没有第三者在场的任何角落，两人立刻像烂泥一样揉成一团。

婚姻关系中的男女穿着打扮有相似的地方，所以对配偶的内衣没有考察爱好；非婚姻关系中的男女穿着不一样，因此很关注对方的内衣是不是上档次。

婚姻关系中的男女出门时，男人在前抄着手径直前奔，女人提着或轻或重的提袋、直盯男人后脑勺后边紧跟；非婚姻关系中的男女出门时，女人在前面袅娜娉婷、走得很若无其事，男人在后边四处张望、留心察看有没有熟人。

婚姻关系中的男女挣钱可能不一样多，但花钱一样理直气壮；非

不是每个女人都可以手起刀落轻松转身的，又没人逼你离，纠结什么？怎么过都是一辈子。@木棉葵葵

婚姻关系中的男女，挣钱可以一样多，但花钱的肯定是那主动的一方，以男人居多，当然也不乏倒贴的女人。

婚姻关系中的男女基本是女人理财，最后拍板决定家庭建设项目的是男人，他们是会计和老总的关系；非婚姻关系中的男人一般管财务，而最后决定花多少怎么花的往往要看女人的颜值，他们是买家和卖家的关系。

婚姻关系中的男女吵架是家常便饭，不吵不闹的反而很危险；非婚姻关系中的男女一般不吵架，一旦吵起来准是要撕破脸、彻底拜拜了。

婚姻关系中的男女散伙时，一般要打得不可开交，世人皆知；非婚姻关系中的男女散伙时，很少有人真正了解内幕，隐蔽工作总能善始善终。

婚姻关系中的男女分手后，如果没有孩子的牵扯，一般会老死不相往来；非婚姻关系中的男女分手后，如果没有经济纠纷，偶然相遇时仍然客客气气、互相问候。

鱼粉妙评

你付出了，你还没有放下，所以不甘心。把你放不下他的原因列出来，权衡好了再决定。被动离婚，措手不及，离了后悔。离婚不能按着对方的节奏走。@香瓜国的小香瓜

甩掉男人的办法

写下这题目，某顺好想笑：历来只听说男人甩女人，随便一个爷们抖擞下肩膀，都能甩出一串情深似海的怨妇。按正理本该研究点不被男人甩掉的招儿才是，而非未雨绸缪地筹划如何更新男人——毕竟这年头爷们越来越值钱了，女人被男人换掉，再寻新主的道路异常曲折，犹如老母猪下崽，一个不如一个，而且，扔了这一个，就难有后来人。哦，我是说城市当中，专指半老以上的爷们，和半老的女人。

目下社会环境很是纵容男人的天赋基因，爷们的裤腰带既无组织监督，又无信仰约束，跟谁睡觉的问题成了个人私事，只要坚持上班，工作无碍，作风差一点，顶多算是思想活跃、意识先进，没人会在乎你那些旧爱新欢飞洒的眼泪。这年头谁顾得上谁啊，谁又管得着谁？其实，赶上盛世的不仅是男人，女人本来也可以与时俱进，和男人共享太平，但受五千年传统糟粕的影响，女人如同被放生的宠物，一只脚探向笼外，悬空着，不知放哪儿才好，另一只脚还定定地踩住门槛，

你觉得离婚是便宜了那女的，不离婚就是惩罚他了？要知道这同时在惩罚你自己，在一个没有感情的婚姻里，荒废时光，何其残忍？ @晟妈于淑静

生怕找不着回家的路。

女人要怪也只能怪自己。被男人抛弃,盖因男人主动性强,有想法就有行动,而女人太缺乏自信,总以为过了这村便没这店了,有点想法不等别人掐,自家就先行了断。所以,女人想要不被男人抛弃,就得学会先下手为强,趁丫厮对你还旧情婆娑残意袅袅时,咱先抖擞了翅膀朝着太阳飞出去,尽管有一点伤神有一点落寞有一点咬牙切齿,但总比无辜地被他废掉要好受些吧。谁抛弃谁,谁便拥有主观能动性,在视觉和心理上都取得了绝对优势。不信姐妹们实验下,即便你男人先有了二房,只要你坚决主动地与他拜拜,他也会从比对你高看三分。男人就这么贱,抛弃他的女人如同他处不上的女人一样,在他眼里都是珍稀物种。

既然抛弃男人比被男人抛弃要幸福体面,那咱就得继续探讨如何顺利地抛弃男人。甩掉他的最好办法,是几个实诚老爷们集体奉献给俺的。

1. 要钱。未婚的妞想撰对象,又找不着合适借口,可以把自己武装成物质女郎,他没啥你就偏跟他要啥,要让他产生除了抢劫诈骗就再也没办法满足你需要的高瞻远瞩。如果他因此害怕而后退,正如你

少年不识愁滋味,故作沧桑强说愁。@ 顺 wind 顺 water

所愿，好事；如果他因此成了犯罪嫌疑人，那么，一个小伎俩就考察出他可靠与否，更该趁此分手。当然，要钱也可以使已婚MM顺利甩脱情人。一般爷们做了已婚MM的情人，都只为白占人家老婆而不想管人家老婆的吃穿，此为典型的占小便宜心理。你要是想不让他得意了，或是想换个人占这便宜，那就使劲跟他要钱吧，俺保证有个三五千或小一万的几次借款，再闷骚的情人也要主动疏远你了，前提是只借不还哦。

2. 要婚姻。情人关系，要是男方有配偶，为和他彻底分手，假如要钱也打不倒他时，可以跟他要婚姻。逼他离婚，而且不许他带孩子，财产还不许留给女方……你要做到决绝狠毒，色厉内荏不成，必须穷追猛打，要让他觉得再跟你混下去，就对不起孩子对不起老婆对不起老丈人和小姨子对不起天底下所有善良的人。这时，别说他再想腻歪你了，估计你发条问候的短信，也能让他小便淅沥大便秘结。嗯，此时你就装作心死如灯灭的样子，沉痛地告诉他："俺不能再等了，从此咱俩不相干。"前提是这小子别早就想离婚了！

上边两招最狠毒，其次还有些比较不猛辣的，也给姐妹们介绍一下，平时随时发挥，争取不把自己逼到使用前两招的绝地上，毕竟做坏人有损形象嘛。比如，小气、蛮横、唠叨、矫情、做作、懒惰、床

放弃永远很容易，改变则很难。@茉茉蔻

上木讷、床下嘚瑟、浓妆艳抹、目中无人等，都可以隔三岔五地表现下。俺一哥们还特别强调，爱装、时刻表现情趣高雅的女人，他最害怕，见了就躲。

鱼粉妙评

人都是会变的，男人会，女人也会。@一个人抽烟507

甩掉女人的办法

既然总结了"甩掉男人的办法",本着男女平等和维护爷们传统地位之原则,俺肯定还要来一篇姊妹文,跟各位再探讨下甩掉女人的绝杀招数。当然啦,甩女人的伎俩是难以上台面的,是只可意会不好言传的,是人人皆知又都假装蒙昧不察的,如果一锅端出来,估计能叫某些兄弟自惭形秽,另一些兄弟暴跳如雷,剩下一些兄弟心惊胆战——全看其抛弃女人的历史记录够不够宏大以及抛弃手段够不够档次了。

由于生理的自然限制,女性在两性关系中处于"守"和"收"的位置。守得巧妙,男人兴趣盎然;收得机敏,女人进退自如。不可以只顾防守或一味开放,要鼓励男人树立起不愁征服不了你的骄傲自大,还得叫他明白他根本享受不到甩你之待遇,这才是女人该达到的"驯男"境界。只可惜,俺们女人容易犯机会主义错误,总相信眼前让激素刺激到情不自禁的爷们是终身所靠,赶紧把身心都一股脑儿交付了,

各人有各人不为人知的苦,只是别人不说罢了。@大望的天

一厢情愿地畅想着既做男人奴隶又当男人领导，把个"爱"字举过头顶、时刻警示男人放老实点——岂不知男人最怕这一套，如果没有繁衍后代的冲动，男人会像小蜜蜂一样，百花丛中到处抖骚，就是不落户。所以，被勤劳的蜜蜂采过的花，以为采一脚就定了乾坤，那基本是妄想。

一个留恋做采花贼的自由自在，另一个偏逼对方隐退江湖甘当五好丈夫，彼时，但凡还有一线生机一条岔道一个备选女人，不管合适与否，男人也会先想方设法抛弃你。哦，说抛弃太难听了，太糟践女权了，咱还是用那个词儿，甩掉。——甩女人的手段因此有了级别，水平低劣的爷们甩女人甩上一身臭汗，既折钱财又损名誉，搞不好还整点人命官司，虽然丧生的八成是没成人形的胚胎，但让曾经的伴侣恨咱恨到咬牙切齿，也不算光荣。水平高的男人甩女人，都甩得女人毫无怨言，对背弃她的人还充满同情和爱怜，恨不能放下尊严和脸面地去做小、做下人。

因此，甩不甩是个思想问题，甩好甩坏绝对是方法问题。做事方法糟糕的男人，其特点是没啥大能耐。计谋欠缺嘛。

甩女人第一招，也是最低级趣味的——让女人捉奸在床不说，还

一直都这语气说话不代表这语气是对的，一直都这语气说话，有人能忍，有人不能忍。@茉茉蔻

对伊的愤怒悲哀表现出麻木不仁，甚至因性事被骤然遏止而恼羞成怒，对人家拳打脚踢、暴力镇压扫黄行动。女人一般目睹落实的奸情，都似天塌地陷之感受。要是伊经济独立，心志健全，肯定会主动和你拜拜。所以，要是污烂油（俺们这儿的土话，二癞子）吃饱了撑得慌，可以选此招甩女人。特点是利索、致命，一招下去就能让女人再也不想回头了。当然，此招数只适合没孩子的糙蛋爷们使用，假如有孩子牵扯着，女人很可能还会忍耐下去。

甩女人第二招，吃喝嫖赌加性功能选择性障碍。是人多多少少有点毛病，但要是一个男人在外面烂泥扶不上墙，回到家却牛到横草不动，竖草不拿，油瓶子倒了也不扶，他就能让女人恶心了；假如再挣钱乏力、糟蹋钱倒是一把好手，而且还只顾自己从不管老婆孩子的死活，女人自然蔑视他；假如这厮因偷鸡摸狗搞得下身隔三岔五长疙瘩，不仅交不上公粮，还阻挡人家堤内损失堤外补的，女人更会极端憎恨他。这时辰想甩女人就容易了，而且连孩子也会被女人一并带走，因为人家害怕儿子长大和你一样没名堂。当然，缺德鬼样子是完全可以装出来的，只不过埋伏时间太长，有时候一不小心显露点好人之峥嵘，女人就可能当你改邪归正，又把对你的审查期延长了，所以要小心使用。

鱼粉妙评

如果某个结果发生的概率不大，但一旦发生后果严重，就必须按会发生做打算。@曾经帅呆过甩女人第三招，促使婆媳关系恶化。在婆婆对媳妇不满时，永远以孝子名义站在老娘一边，并给予媳妇人前人后的迎头痛击。在媳妇诉说委屈时，永远以孝子名义警告媳妇："我妈是你家恩人，她把这么好的儿子给了你，你还有啥不满？！"在婆婆和媳妇发生口角时，先把老婆臭骂甚至暴揍一顿，谁是谁非无关紧要。还有，要认同老娘对媳妇往娘家拿一根草都在乎的执着，要确定媳妇只配做超级使唤丫头的身份。——坚持这么搞一年，老婆拒绝回家的可能性就相当大了，咱正好顺势休了她再换新人。

甩女人第四招，假装性取向有变化，爱上男人了，成了同志了……此招较乖张，不可轻易擅用，因为女人能保守秘密的很少，你这伪同性恋很快会家喻户晓，那就糟糕透了，女人们见你便夺路而跑，你还泡谁？当下这女人就甩得很没必要了，是吧？

甩女人的常见招数咱就不细说了，反正大家都知道，以上几条是不常用的攻略，请参考。

男人不会因为女方不要彩礼不要房子而对她感激涕零，在他看来这都是应该的。@水榭黄昏

第三辑

若非天堂，即是地狱——
谁的人生谁做主

存天理不灭人欲

某顺还是电台主持人的时候,有次直播的互动话题是:"如果你的婚姻已名存实亡,你是背地找情人来解决你的身心需求呢,还是坚决迅速地离婚来摆脱困境?前提是,你们有孩子或共同利益,彼此都需要婚姻这壳子最好存在着。"——借一位网友的说法,此话题"很敏感,但也是老生常谈了",通过听众读者的踊跃参与,展现出如今人们对婚姻的态度:有维护婚姻合法性神圣性的保全派,亦有尊重感情尊重真实人性的自由派,还有把婚姻当生存空间来经营的投机派。不管是哪一派,都各执一词,都有其存在的必要性。孰是孰非很难判断,不如认同并选定其中一种作为你的婚姻观,去认真地贯彻执行,不想它是否流行、是否合主流。

其实三派观点并没有对错之分,只能是各取所需、各安天命;形象的说法是,鞋在你自己脚上,舒服与否,只有你自己知道。因此,当婚姻不幸成为死水一潭时,用你能驾驭和你肯接受的方式去面对它,

二婚更不应该将就,应该更清醒自己想要的是什么,没有合适的结婚对象就一个人过着! @DaZui 呀

不管婚姻存续与否、如何存续，只要你和你的配偶都认为这是你们唯一的出路，那么，坚持也好、随性也好、利用也好，或同床异梦，或各自为政，或互相制约，至少都应该是你们双方默认的。参考和照顾配偶的选择，在彼此乐意的协约下，即便是在"名存实亡"的婚姻里，你们之间的天理与人欲也是可以兼顾的。若双方都有让天理人欲两全的打算，婚内出轨显然会成为你们共同的应对策略。谁也不管谁，总好过谁都想管住对方，因为管束不是没爱也没性的两个人能实现的目标。灭不灭人欲，真要看你们各自束缚对方的能力，以及压抑自我需求的本事有多大了。

通过跟帖、短信及电话参与者的答卷，某顺发现了有趣的却也是意料中的现象：多数说"誓将婚姻进行到底"并准备牺牲自己的一切欲求来维护婚姻的，都是婚外人士。这充分表明"站着说话不腰疼"和"饱汉不知饿汉饥"是什么意思。未婚者很难想象和体察长期无性无爱无尊重也无自由可言的死亡婚姻的滋味，所以他们，主要是她们，还能豪情满怀地大话未来。而已婚者，尤其是已经经历过无性无爱婚姻的已婚者，他们基本都不再自诩纯情和专注了，佢他们也因性别分为两个阵营：女性已婚者考虑到再婚的艰难和对孩子的影响，一般会选择"堤内损失堤外补"，想都没想地就决定做出墙红杏来解决生理精神需求；男性已婚者因为没经历过十月怀胎的辛苦，也因为男人更

鱼粉妙评

女人要么嫁给爱情，要么嫁给钱，如果他能给你其中一种就能嫁，一种都给不了就别嫁。@花纱5

愿意轻松真实地活着,还因为男人出轨往往会被女人声泪控诉的现实,他们一般会选择咬牙结束现有婚姻,争取成为自己生活的主宰,享受真正的久违的自由。

只有个别参与者强调:结婚了就不要再想个人需求,即便是关系不好,为孩子也要坚持婚姻,即便是婚内没性,为道德也要放弃出轨。——这个说法来自一位60岁的男性,我们都知道他的世界观的生成年代是什么样子的,所以对他的说法只有敬畏,不敢学习。想象一下,又不能离婚,又没法与配偶再有性灵的结合,甚至连对方偶然蹭到你都能激起你的鸡皮疙瘩时,你不出墙找性伴解决你的生理需求、不出轨找情人安抚你的精神焦躁,你还有活路吗?在这种状况下若还强调一人不事二主的誓言,我看你不是在捍卫贞操,更不是在保全婚姻,而是要活埋你自己了。你活埋自己不要紧,但哪能硬拉着配偶殉葬呢?有些人怕是真想舍生取义,进入婚姻这座堡垒前就打算要和对方一起玩儿完。咱能不能换一种思路,在不能离婚这个大前提下让彼此都活得轻松点,找一个双方都认同的、合适的降压方式,天理人欲就那么冲突吗?天理难道不是人写的吗?

讲本能本性的时候,有人反驳某顺不重视情感需求和人格力量,讲伦常人文的时候,又有人指责某顺思想太传统、观点太纠结,其实

任何复杂的情感关系都是负担。@茉茉蔻

某顺一直在权衡天理人欲各自应占的比例。任何强调一方的观点都是反人性的，尤其是像在互动话题这样特殊的语境下，你只有选择的分，而无模棱两可的机会，因为任何模糊的态度都会让你在婚姻里窒息到毙命，你必须学会找一个透气口儿让自己有勇气坚持下去，或者弃壳而出、脱胎换骨。名存实亡的婚姻是两个人共同造成的，如何应对也得两个人互相让步互相协调，否则只有离婚一条路。当保全婚姻成为我们的首要任务时，其他方面的一些渴望就得压抑或转移了，这便是现实而悲催的人生，无法面对也得面对。

很难说清婚姻这座城池能埋葬多少理想人生。结婚时不论男人女人都把它想象成一个美丽的所在，都期望这城里只有快乐没有郁闷，只有享受没有压力，只有甜美没有苦涩。然而不然，进入婚姻后大家才发现，理想与现实相距太远，尤其是夫妻俩在"一切都不配套"的搓揉磨合中几近于血肉模糊了，当分开是止疼的唯一出路时，却还要面对老天的惩罚，让他们因种种缘由不得不继续相搓相磨……彼时彼刻，能撑的撑到死，撑不了的自然会早早逃跑。只是，能撑的别咒骂逃兵，你坚强不屈的同时也说明了你没胆重新开始；做逃兵的也别笑话能撑的，人家至少能减少人生经历。人生观决定了每个人的做法和心态，不管你是准备成为婚姻烈士，还是准备实践你的自我成全，只要你认为你对得起自己、你尊重了你的婚姻，那你就大胆地向前走或往后挣吧。

|粉丝妙评|

都俩肩膀扛一个脑袋，谁比谁傻多少？只不过有些人自作聪明而已。@妞子娘1218

婆婆就是路人甲

某顺在咨询工作中最不想看见的,就是对婆婆的控告,为此我经常强行打断诉苦怨妇(非收费咨询者),我说:"没本事也没未来的女人才会有婆媳矛盾。"这句话很奏效,妇女同志们即便承认自己没本事,也因为忌惮自己没未来,而暂停了对婆婆的声讨。其实某顺不是吓唬各位,真的,我认识的所有事业飞黄腾达的女人,都不曾说过婆婆的坏话,就算偶然提到婆婆,也是一句话带过,且用词中立。你们可以观察下,你们身边那些骂婆婆最凶的女人,百分百都是要事业没事业、要能耐没能耐的,没有例外。为什么?你往下看。

一个事业飞黄腾达的女人,她的时间和脑壳被工作占去了大半,剩下一小半她要用来享受和充电,她哪还有空暇去挑婆婆的不是?即便婆婆真的浑身毛病、不好对付,因为事业起来后收入也水涨船高的常规,事业有成的女人用钱就能摆平婆婆了,还生什么气。婆婆挑事?买礼物送婆婆,这年头还有钱堵不住的嘴吗?就看你钱给没给到

你说舍不得一年的感情,那你舍得今后几十年的幸福吗? @摇曳月光

位。给了钱也不行、婆婆太贪婪？那就换婆婆，本来也不是血亲，不老实、不厚道、欺人太甚，果断换了又何妨？事业有成的女人岂能没男人可换、没人可当她婆婆？只有事业一塌糊涂的女人才会无比重视婚姻和无比介意婆婆。

此时可能有很多妇女要说了："不是谁都能事业有成的，我就算没出息，也不该被婆婆欺负啊！"——对，你说得没错，就算你没出息，你一辈子只能做普通员工，你也不该被婆婆拿捏、被婆婆欺负、被婆媳关系搞得精疲力竭。但其顺就想问了：你可不可以不嫁看不上你的婆家呢？你可不可以不找妈宝男呢？你可不可以不指望婆家的经济支援和体力帮助呢？你可不可以和婆婆敬而远之呢？你可不可以在婆婆男人合伙欺负你时果断离婚呢？这些问题你若都能给我一个肯定的答复，我不信你还能被婆婆欺负到。

而现实是，你们明明知道婆家不待见你，还非他不可地进了他家门，尔后你们许诺的"不计前嫌"全没了，有点事情就揭批他爹妈当初的反对，怀恨在心的你们这么不依不饶，还怎么和婆家友善相处？你们一边想让婆婆给首付帮你们买房，还极力反对婆婆和你们住一起。可你把她养老钱都弄来了，她不让你养老让谁养老？你们一边想让婆婆帮着带娃，还不让婆婆把娃带离你身边，更不让婆婆在你家有说话

鱼粉妙评

如果不让男人参与照顾孩子的过程，男人是体会不到养育孩子的艰辛，他只是快乐了几分钟而已，没有任何付出，也能无视女人的付出。渣男老公是老婆自己养成的。@冰川锦瑟

权。拜托仙女们，免费保姆能这么用吗？换你妈给你弟带娃，必须住他家、还必须听你弟媳的，你认为你妈可怜不可怜？你们和男人吵闹时，希望婆婆帮你，按说这要求也不过分，因为他一家人跟前就你一个外人，礼让外人总是应该的，然而，你忘了人都有私心，他妈生养了他却心向着你，可能吗？除非他妈被他气疯了。尤其是闹离婚时，你们还指望婆家能有公正公平态度啊？简直是不可思议的愚蠢，他们是一个利益共同体，他们只能拧成一股绳地一致对外。

　　在搞清楚自己始终是个外人后，你就能对婆媳相处有精准认知了。某顺为此专门写过"婆媳篇"讲稿，要全面洗脑的可以买来看看，本文因为篇幅限制只能点到为止。某顺要告诉你的重点是——婆婆，虚伪客气地说，她是你妈；理智不客气地说，她和你一毛钱关系都没有。因为你男人一旦和你离婚，这个叫妈的人立刻成了路人甲。在婚姻关系这么不牢靠的今天，她变成路人甲的概率至少有50%，你说你能幻想一个路人甲为你做出多大贡献吗？给你花钱、帮你看孩子、对你好，这都是她看在她儿的分上为你做的，她本人跟你没私交、她也不欠你任何人情，她做不到这些也理所应当。且都放下对婆婆不付出的各种恨吧，她不为你付出是对的，因为搞不好哪天你就是别人的儿媳了，白干活谁也不想，你老了也一样。

愚蠢比邪恶更不值得原谅！ @举善亲仁

反正，某顺不喜欢整天围着男人转的女人，更不喜欢整天絮叨公婆长短的女人。既然那么恨婆婆，有种你就立刻让她变成路人甲，没种你就闭上你那祥林嫂的嘴，搞不好你婆婆比你还委屈呢。若能理智面对婆媳关系，你哪里还会有烦恼。

鱼粉妙评

婚姻本就是一场赌博，赌你敢不敢下注，赌你肯不肯入赌服输。@我的昵称素心儿

他妈真不是你妈

关于婆媳关系,某顺这些年已经零零散散写了不少文字了,能教育的儿媳都教育了,能挽救的婆婆也都挽救了,那些不能教育和无法挽救的儿媳与婆婆,我始终抱着"随她们去"的态度,任其撞墙甚至盼望她们撞墙撞到头破血流,因为现实才是最好的人生教育和情感挽救。在某顺还是电台主持人时,有次直播谈到婆媳问题,有个70岁的男性老听众,他总结婆媳关系的主要问题是公婆没有摆正自己的位置。他说,公婆不能公平地对待自己的孩子(儿子)和人家的孩子(儿媳),这才使得很多家庭矛盾日益激烈化,甚至导致儿子儿媳的婚姻解体。

像这样有见识的老者,在人群里是不多见的,更多的婆婆辈依然固守着传统文化的垃圾结晶,即潜意识里认定夫权大过人权、纲常重过道理。"媳妇你再拽,你找了我儿就得听我儿你男人的话,我儿是我生的他当然要顺从我,所以媳妇你也得顺从我,不然我儿休了你都

鱼粉妙评

有的男人喜新不厌旧,有了三儿跟老婆性趣不减,这也是老婆不易发现劈腿的原因。这样的三儿纯属婚姻的调味剂……@天使之城521

活该。"——持有这种君臣父子观的男女真有很多,别说正看帖或听广播的你不是这样的人,你目前没有这想法,不等于将来儿媳进门时你依然能懂事明理。人们在追逐保护个人权益时,善于以牺牲别人的权益为垫脚石、为促进剂。

中国的女人出嫁后一般会经历三个时期,前面二十年做孙子,后面二十年做祖宗,再后面二十年又变回孙子了。之所以只有中间二十年能做祖宗,皆因那是苦媳妇刚刚熬成婆的美好时光,家里老少俩爷们都能向着你,而之前你的男人向着他妈、之后你的儿子还得指望别人的女儿替他尽孝,你落在不是亲子的媳妇手里,当然不能再称王称霸。所以,尊老的前提是爱幼,尤其要爱人家的孩子,以此换来人家孩子像爱他父母一样地爱你。"老吾老以及人之老,幼吾幼以及人之幼",听上去是一件再简单不过的事,做到却很难。隔层肚皮隔层山、羊皮贴不到狗身上不说,尤其是在封建夫权和对现代婚姻不信任的共同作用下,越来越多的婆婆有随口而出教唆儿子离婚的行为,这也使得婆媳关系更加雪上加霜。幸而人生是轮回的,今天你在媳妇身上报复了当年婆婆对你的不公,明天媳妇也会连本带利还给你,如此往复,代代相传,人性之恶,遍地开花。

想让婆媳和睦,只有一个办法:当媳妇时,善待他的老娘,当婆

女人的麻烦在于要爱情、要婚姻、要孩子,却只想跟有钱男人要。@曾经帅呆过

婆时，善待他的爱人。可惜国产的女人们，年轻时善待他的老娘比较为难，年老时善待他的爱人更不甘心，因为不管老的小的女人，都在争夺同一个男人。而那个男人不仅是儿子还是丈夫，他很难做到同时让两个女人都满意、都能感觉被他尊重被他爱护了。某顺曾亲耳听一位婆婆如此教化儿子："我含辛茹苦养大你，30年间没舍得你为我干一点儿家务，怎么一到她那里，你就要洗衣做饭看孩子什么都干了？你吃她奶长大的啊？！"看看，人不讲理到这份上时，婆媳关系怎么融洽得了。他是你儿不差，你娇生惯养他几十年也不差，可他眼下是人家的夫君，你会希望你男人是个甩手掌柜什么也不做吗？既然你都见不得你男人的奸懒馋滑，为何又巴望你儿子在他配偶跟前奸懒馋滑呢，这到底是你护犊子的私心呢，还是你嫉妒儿媳的本能呢？如果换儿子为女婿，你还会心疼他在他女人前的勤快吗？不把人家的闺女当闺女，不把人家的孩子当孩子，人家怎么会拿你当爹娘敬着爱着？以心换心吧，老同志们。

说到这儿，可能很多婆婆准婆婆都暴跳如雷了。呵呵，别急，某顺从来不会偏袒矛盾关系中的某一方，咱接着说媳妇儿的不是。

很多媳妇儿好搞笑，经常把人家的妈当自己妈，要求人家妈对她无私奉献。具体表现是，要求婆婆给她看孩子（免费的，还得是自觉

容易动情是因为丑胖穷或没人追，你要是改变了，变得瘦、美、有钱，你再看看你容易动情吗？ @沽酒向梅边

自愿的）。拜托，孩子是你生的，你既然能生你就应该能养，养不了的话你别生呀，说什么婆家催着养娃却不给你带孩子。婆家有期望但你完全可以置之不理啊，你什么时候认为自己有能力生养照顾孩子了你再生，他家人又能奈何得了你吗？计划生育的钥匙不是完全捏在你手里的吗？就算因此离婚你也该坚持自己的观点：我想什么时候生我才生，因为这是我的事，与人无关。既然生了孩子，你凭什么就认为你是为婆家生了这孩子，婆婆就必须得伺候你坐月子、必须上你家帮你带几年孩子呢？婆婆从来不欠你月子，也不欠你保姆，你没钱雇保姆你就自己辛苦点，你有钱雇保姆你就花钱买享受。所有认为"不用婆婆白不用"的媳妇都是智障。婆婆能白用吗？不欠你人情的婆婆能白给你出力吗？你占着婆婆的便宜，还不许婆婆有意见，怎么可能啊，换你能做到吗？

两个女人在一个屋檐下，很容易产生龃龉口角，盖因对方没出现之前，这个家都是某一个女人说了算的。现在民主集中制要代替"一言堂"了，不打架不斗争，难以有公平合理，但打架斗争又很伤感情，所以才要避免两母虎共处一个山头的事发生，就像某顺见天都在强调的：婆媳相处的关键在于敬而远之。有些人总以为"敬而远之"是生分的冰冷的做法，那是因为这些人只看见了"远"却忽视了"敬"，若你能把对方当尊贵的客人一样来敬重，你就会情不自禁地与之保持

鱼粉妙评

走了的人都不是真心爱你，你也不用自降身价求他。@zly 雾满拦汇

间距了,而这个距离即是"远"。明明就不是亲生的母女,还假装什么情深意切,三分钟前都在努力表演,三分钟后为点小破事就立马翻脸,前功尽弃不说,还有辱斯文。咱能不能把对方就放到对方应有的位置上,而不是硬拉她到咱身边做那个别扭的变形的所谓自己人呢?她真不是你妈,你就别幻想她对你有你妈对你的宽仁了。媳妇们请时刻记得:正因为那不是你妈,你才要客客气气地对人家,你得收敛住你的恣意和任性,人家的妈才能不讨厌你。

本文快写完之时,看到两条来自深圳的血腥新闻:一位婆婆和媳妇吵架后,抱着11个月大的孙子从6楼跳下,当场老少横死;一位公公在捶昏7岁孙子后,自己跳楼毙命,孙子的脑袋上有3个窟窿,目前还在急救中……婆媳关系已然成了中国家庭的硬伤,如何解决这问题,需要每个不同角色的家庭成员认真思考。推己及人和将心比心,依然是重要的解锁工具,若婆婆辈能抛弃传统的夫权最大梦想,若媳妇辈能放下对婆家的依赖,国家政府也能承担起一部分养老保障工作,恐怕很多因为婆媳关系而岌岌可危的婚姻就能从此安稳了。

鱼粉妙评

太闲了才有时间痛苦,忙成狗的时候,哪还有空悲春伤秋。@似是故人来1

靠谱丈母娘典范

本文针对一则被点击播放了千万次的短视频"看进去的丈母娘"有感而发，详情可见新闻链接：http://www.miaopai.com/show/SpviVADG-9tcYGYd1jUfTg.htm

如题……以上省略万余字，最重要的部分赘述在下面：

这个所谓的嫌贫爱富的彪悍丈母娘，她到底错在哪里？她没想对方有宝马有奔驰，只想女婿能有套房，她要求过分在哪儿啊？换你有个闺女，你不想你闺女嫁个有房的吗？你不要胡咧咧，你骗不过某顺。想当初董永勾搭七仙女，还有个茅屋和七仙女在里面约会呢，要是董永没那间茅屋，七仙女怎么玉体横陈？都想想七仙女不走心是什么结果吧，是不是咱们就看不到跨界旷世的爱情了？现在你说，有房是不是必须？

鱼粉妙评

军婚＝守寨式婚姻＋丧偶式育儿＋提款机式养家＋童养媳式相处。@新好少年_大沐沐哦，你说"租房也能过日子"，没错，租房是能过日子，但当下讨论的是，丈母娘要求有房是不是过分，没讨论租房也能过小日子的问题，所以你只用回答，作为母亲的丈母娘，希望女儿的婚姻起头不要那么艰辛，这心愿是不是人之常情？哪个生身父母会鼓励女儿"谁穷跟谁"？其实某顺有时也劝待嫁的女人，"有爱饮水饱"，然而，我这么劝她们的前提是，我知道她们也找不到更好的对象了，既然没得换，何必还挣扎。某顺都是年过不惑后才明白轻易不能为爱情牺牲的，因为爱情这玩意比人们想象的还要短寿，随便牺牲会有什么后果大家早都心知肚明，谁还好意思随便叫他人为爱情牺牲呢，自己都做不到的事。

话说租房是可以结婚可以过日子，但如果两个新人收入都低呢？交了房租，买了柴米油盐酱醋茶，掏了水气电暖加网络物业卫生交通等费用，他们能有余钱买件衣服都够呛，哪里还敢生娃，哪还敢离职去深造、节假日去旅行？都以为同甘共苦就可以一起白手起家，如果两口子的收入不是节节攀升且始终攀升的，他们如何才能攒出房钱？他们猴年马月才能买得起房？你替他们好好算算，我算术不好我也知道他们这辈子攒不出买房钱了。此时你一定会来一句"美国也不是人人有房"……对，美国也不是人人有房，但你生活在美国吗？你不知"以房养老以房治病"也是中国人的求生手段吗？到了必须卖房渡难

鱼粉妙评

不求上进的人总是想得太多，没有前进的目标和动力，没有激情，只有矫情。@好好夫人 Sali

关之时，你才会知道当初要求有房是多么高屋建瓴的远见。

如今靠夫妻两个的能力实现买房的前提是，他们收入一直稳中有升，他们都没有来自父母家的拖累，他们还都没有医疗费学费等额外负担。但稳中有升的收入不是人人都能拥有的，需要贴补父母家也是农村进城青年的普遍问题，除了年轻的他们在健康上还不用投入大笔金钱，小夫妻的生活压力真有不堪承受之重。如果男方有现成婚房，占收入1/3的房租就省了，这省下的钱会被用来改善生活，而生活一旦改善，人的脸上就会有笑容，贫贱夫妻百事哀的悲剧也会随之消失。所以，丈母娘要求女婿有房，不仅是怕闺女受苦，更是怕年轻夫妻的感情被现实轻易地击垮，丈母娘希望你们白头到老，不要日子过两年就过不下去了，如此有情有义的要求，你还说过分？

当然了，在现在这个物价水平下，让男人结婚时就备好房子，确实也是不低的要求，陆续进入婚龄的"90后"的父母，也就是"60后""70后"们，他们未必还完了自己的房贷，所以让他们再出一套儿子的房子，真是要命也给不出。但给不出不等于不给就有理，穷不是可以嘚瑟可以耍横的理由。你只能动员你儿尽量选样貌一般的、家庭经济还不如你家的姑娘，只有她们会死心塌地跟你儿，因为她们是有个男人肯娶她都能感动到屁颠儿屁颠儿的，只有她们的爹妈不要求

鱼粉妙评

一个男人向女人伸手借钱，其一是毫无自尊，其二是一点也不爱你。@zly雾满拦江

你家有房，因为她们的爹妈穷得都不好意思再提什么合理不合理的条件了。千万别你儿选个模样一般、家庭经济还不如你家的姑娘，你就鼻子一哼眼一翻地说不喜欢、说看不上她家，你看上的人家一定会有房子要求的。你且面对现实吧，连个茅屋牛棚都没有，再以为人家高攀了你家，简直就是不知羞耻了。

最后的最后，友情提醒丈母娘们：你闺女都跟人家睡得五迷三道了，你这时才提房子的事，白瞎，没用。教育要从娃娃抓起，你不想闺女嫁穷人、过穷日子，就要在她还年幼无知时让她看见没房的可怜，不能一边和你男人假装贫贱不能移，一边还要求闺女努力奔小康、不嫁屌丝男。她正是为爱情可以不要爹娘的年龄，丈母娘能闭嘴就闭嘴吧，须知想要拆散一对情侣，最好的办法就是无条件支持他们在一起。

| 鱼粉 |
| 妙评 |

我总好奇很多女人的那句对方无外遇是怎么说出来的，就那么肯定？ @锦慧 sandy

女性生二胎须知

二胎政策放开的消息，忽如一夜春风来，让很多想生不想生的人都无法淡定了，评论汹涌，调侃如潮。为什么？还不是因为敢生的不多、想生的又生不出或生不起了。关于这一点，在我做的一次民调上可以看得清清楚楚——束缚人们生育冲动的真不是"只生一个好"的旧国策，而是人们害怕多个孩子会让眼下都不富裕的日子更窘迫。生得起二胎的人并不多，大家算算账，衡量下得失，最后还是决定自己养自己的老，不去指望生娃养老了。

然而，还是有不少人想生二胎，不管他们最后能否生出二胎来，某顺作为婚姻家庭两性关系的资深研究者和专业咨询师，都有义务提醒准备生二胎的同志们：钱都备好了吗？！

对头，主要是钱的问题。二胎要花的钱，恐怕比养老所需的钱要多得多。你准备好这笔钱就可以痛快生了，甭说生二胎是响应国家号

鱼粉妙评

有些人的思维就是全世界都对不起他，但从来不想想为什么。@SUNSHINE明媚如花儿

召、是爱国表现,就算为小家传承,给你娃生个跟班儿也是应该的,按说一家四个孩子才靠谱呢,因为送终时抬棺都需要四人,平时打麻将也是四人才开得了场。——说不能提钱,又绕不过钱,这篇文章写得有多尴尬各位该明白了。钱的问题虽然是主要问题,同时钱能解决的问题又都是小问题,所以某顺就先放下小问题,给大家将将生二胎的其他准备吧。(本文主要是写给女粉丝看的,所以下面只提女性生二胎的资格问题了。)

1. 生二胎,趁早不趁晚。因为越晚生育,女人的身体越难恢复,女人的精力也越难应付幼儿。而且你让两个娃的岁数差距过大(超过5岁),他们之间会有代沟,大的都不愿跟小的玩,你还能指望大娃帮你照顾小娃吗?到了青春期的大娃盼着添弟妹的,几乎没有,因为这么大的娃都会担心爹妈的经济能否让自己继续安枕无忧,且都嫌弃弟妹分享了爹妈对自己的爱,做惯独子的他们突然要照顾别人和别人的情绪了,他们能高兴才怪。你只能趁大娃还是小朋友,趁他还不懂事之时,赶紧给他生个玩伴。更别幻想你老了后大娃还能帮你扶持小娃了,你的娃只能你扶持,大娃没义务替你承担你的父爱母爱,懂不?如果大娃6岁以上,建议定生二胎计划之前,先认真征求大娃的意见,他若不让生,你强生,以后他会恨你们也会恨小娃的。他也是家庭成员,他有权要求他的待遇保持原样,尊重家庭成员是必须的。

第一次吃"屎"因为懵懂无知,第二次再去尝试那只能说是狗改不了吃"屎"。@到不了的幸福5

2. 生二胎，必须有帮忙带孩儿的人手。很多妇女说男人要生二胎、男人的爹妈要求生二胎。嗯，你先看看你家大娃是不是男人带大的？你先想想男人的爹妈是不是出钱出力帮你养大娃了？若是，那你放心生，你生别人养，这是最好的；若你生还得你养，你男人和男人的爹妈从来都是完全不插手，只管催你生……某顺以为就算脑子坏掉了你都不能再生二胎了。要知道一个孩子从落地到脱身，至少要三年，三年后娃才上幼儿园，你才能轻松点，你为大娃已浪费三年，再为二胎浪费三年，试问你这六年的付出，难道男人及他家只要点赞就行了？那你可真是他家名副其实的生育机器。一个女人六年脱离社会脱离群体，她还能有什么个人前途？当然了，若你就是个家庭妇女，那你生吧，不生恐怕人家不给你饭吃了。有的女人是娘家逼着生二胎，这种特殊情况一般是娘家要"跟自己姓的子嗣后代"，那娘家就得帮你养二胎了，反正，谁要你生，谁就得出钱出力，否则你听他的，就是你傻。

3. 生二胎，须准备好做"独自带俩孩儿的单亲妈妈"的心理准备。妇女从怀孕到哺乳期结束，中间至少有一年是形象欠佳的，也是不能和自家男人肆意亲热的，生二胎时很可能已经大龄，你的形象只会更差、跟男人的关系也只会更淡薄，而此刻的男人已然事业性格都成熟

鱼粉妙评

做你该做的承担你该承担的，心不甘情不愿的事不要做，弄得自己满满的怨气。你是人不是神！ @大望的天

了,他确实为养家糊口需要在外奔波,也确实因为你的形象留不住他,而你又生育过孩子,他认为你自己完全能应付再孕再育,他就会找各种借口不回家,趁机去寻找他暗淡人生的那抹春色了。某顺接过无数孕期遭遇丈夫出轨的咨询,严格地说,所有生二胎的妇女都碰上过此事,没离婚也是因为两个孩子不好离了,每个女事主都差点忍出肝癌来。有的女人性子硬,坚持离了,也坚持自己带娃了,好吧,你的母爱很伟大,但你的个人感情和婚姻问题就不要再想了,这是当下中国国情,你就敢作敢当吧。请各位想生二胎的妇女先考虑好,你是不是能独自带大俩娃?你的男人并非每次出轨都不闹离婚、坚持红旗不倒彩旗飘飘的,万一赶上他离不开的又怀孕逼婚的小三,你就准备好做单亲妈妈吧,他那时未必出抚养费哦。

4. 生二胎,还要确保在二胎长大之前你自己要没病没灾。想生二胎的乐观主义者可能还没考虑过这点吧?各位现在可以考虑了。人有旦夕祸福,如果你只有一个娃,万一你出什么事,你娃有娃爹或你亲人养着,他还能基本顺利地长大,无非是比别人家娃可怜点儿忧伤点儿。但一个娃总是"好托付"的,如果你俩娃,万一你出什么事,娃他爹或你亲人能承担起养娃重任吗?没娘的孩子是个草,你能确保你俩娃不做草吗?尤其是那小的,大的至少生活快自理了……当然,某顺太悲观了,但没有远虑必有近忧啊,像某顺这么爱旅行爱刺激

有钱的人不一定开心,但没钱的人绝对没有有钱人开心。@佛曰 179688467

的人,之所以从不去我认为危险的地方、从不出国、从不玩儿极限项目,无非顾虑我家俩娃没长大嘛,身为父母,子女未成人之前,也没资格去冒险,否则让孩子咋办。更别说灭顶之灾有时还会同时夺去夫妻二人性命,到时候你家那俩娃,能让你闭眼吗?你让亲戚多为难?想想雾都孤儿,想想三毛流浪记,想想满大街的人贩子,你还有多少勇气生二胎?先把钱挣够,挣到你出意外都不耽误孩子安全长大吧。

最后,某顺还要友情提醒那些能生却不肯生二胎的家伙:两个孩子真不多,关键是家不能散、人不能没、钱不能少。生吧,我家俩崽现在好可爱,不仅再不让我疲劳了,还经常逗我乐,让我无限欣慰,而我只需要确保自己健康地活着、挣钱挣到他们自立就够了。两个孩子是某顺革命到老的原始动力,我劳动,我光荣,我俩娃,我挺爽。抱歉,我可没生二胎,按鱼粉的说法,某顺是上辈子积了大德,这辈子老天才给了对双胞胎。

鱼粉妙评

女人必须自己有钱,不然自己的孩子要不要生都得问别人!@木语潺潺

二胎不能为生儿

二胎政策放开后,让很多只育有独生女的 70 后 80 后男人蠢蠢欲动,他们想儿子都想了多少年了,这回政府总算给机会了,不抓住机会岂非脑残?于是乎有些男人借口爱国、借口稳定家庭关系、借口要给闺女生个伴儿,决定或动员老婆生二胎了。然而,XX、XY 的事是没法儿自控的,怎样确保自己输送到老婆体内的精子细胞是 Y 而不是 X 呢?男人们在了解了科学知识后都选用了最简单的办法:胎儿性别检测,女的就"咔嚓",男的就留下。国家因此严禁胎儿性别测试,就是为避免人口倾斜:万一都剩男人了,太可怕了,真是国将不国。

其实重男轻女并不是咱国特色,地球上九成的国家都有或轻或重的男女不平等问题,咱国作为文明古国,指定缺不了源远流长的封建糟粕。《易经》里就有"男尊女卑"的提法,东汉的女学者班昭更是用《女诫》把男尊女卑思想变成女性的精神桎梏。说来都是父权社会的必然结果,母系氏族就不可能有这样的问题,但母系社会早已

相约旅行,在很多男人眼中就是默许路上发生性关系。@木棉葵葵

结束了几千年,最近这几千年的女人就活得比较压抑,负担重、没地位不说,还有被剥夺生权之虞。想想也真是滑稽:都不要女娃,你后代是想绝种吗?就这么简单的逻辑问题,智商低的部分男人也想不到或不肯想,真是活该断子绝孙的品种。

某顺因咨询工作见识过无数活该断子绝孙的男人,他们一般在老婆肚子未大时就不断给老婆吹耳旁风,说想要儿子不想要女儿,理由是"养儿防老""人家都有儿子"和"财产不能外流"。他们的父母往往也是助纣为虐,甚至煽风点火,要儿子为添男丁生二胎甚至生几胎。因生了女儿而被嫌弃被离婚的女人,从来都不缺,有的女人知道男人及他家只渴求男孩,还幻想女儿落地后能让男人及他家父母改变想法,到头来幻想终成一场空。不离婚会被男人一家欺负死,离婚就成了孤女寡母的,大有人在,所以某顺对因为婆家重男轻女而来咨询的女人,从来都只有一个态度:能分手就分手,不能分手你就想法子生男孩吧,否则真是没出头之日了。

但"想法子生男孩"绝不是办法,前面我就讲了 **XY** 的问题,现在初中生都知道,男人种的是茄子,地里就长不出辣椒,所以女人要么不停地生,要么只能胎儿鉴别了,而这两种行为目前都是违法的!违法的!违法的!重要事情说三遍,婆娘们,你男人何德何能,竟然

被孤立是因为你骚扰别人的生活了,不是因为你是女的。@呼——吸——

他要你违法你也肯？重庆这个孕八月被男人逼打胎的李小姐，好歹还知道报案找警察找政府，但警察和政府又能把她男人咋样？她最后还不得自己带着女儿变成单亲家庭？在没搞清男人是否重男轻女之前，女人可别急着嫁啊？而且，明明怀孕初期中期都有止损机会，女人也不采取措施，还一味幻想男人的良知和回头是岸……到底还是你愚蠢嘛，那就不要怪男人狠毒了。

粉丝妙评

最看不上和前任藕断丝连不清不楚的，在一起时好好珍惜，决定分开就彻彻底底。@向表姐看齐

爱惜你家小棉袄

提醒有女儿的家长,一定不要在她小时候老说她丑说她笨说她一无是处,你们打击得她没了自信心,自卑到了青春期会演变成对每个接近她的男子,她都以为人家肯要她就是对她的恩典,因此男方各种欺辱她都忍,还因此随便脱裤子……更可怕的是,她永远没有安全感,也不知道自己能做什么,精神长期紧张到接近崩溃。

要和你们的女儿做知心朋友,哪怕对她失望也不能破口大骂、尽说些灭她自尊自信的狠话,不然她一旦朝你们关上了心门,她就成了在这世上独自挣扎的心灵孤魂,她遇到别人欺负也不敢告诉你们,她没有人可商量又自暴自弃,只会把自己的人生路走得越来越崎岖,导致做父母的你眼睁睁地看着她把自己弄成残花败柳。

你的孩子很脆弱,哪怕她已经成年她也仍有各种危境:被已婚同事师长勾搭的危险,被社会查滓流氓欺负的危险,被她自己的心魔折

鱼妙粉评

去相亲最好不要抱很多幻想,默认为做买卖,对方一旦怠慢就视为拒买。当然,你也可以这样做。@沽酒向梅边

磨的危险，被欲望控制又无力自拔的危险。你以为孩子在学校在单位就没事了？你以为她只是脾气乖戾的问题？不是，她的不安全感已让她惶惶不可终日，她发脾气也只是因为你们不懂她。

要跟女儿谈性，要告诉她处女膜没她想象的那么重要，贞操也不是只有处女膜这一个标准，即便不是处女了也不能因此自卑到以为自己再也没人爱了；要告诉她如何识别坏男人，什么场合不能去、什么事情不能做，别以为她什么都懂，她可能懂做爱但不懂如何保护自己，你必须告诉她并让她相信，你们永远是她的靠山。

今晚接了个咨询电话，内容不说了，最后我告诉她，我需要她，希望她是我的孩子，什么时候只要拿不定主意就来找我，因为我害怕她吃更多的苦，那些本可以避免而就是因为没人指导她才吃到的苦。说实话我做咨询十年，从来没为咨询者哭过，但这个孩子叫我一度哽噎，因为我是母亲，我是替她不知情的母亲心疼了。母女没有什么不能讲的，只是有些妈妈粗糙了点，不懂得孩子肯跟你说隐私，就说明孩子还是正常的、可救的，她什么心里话都不说时，你基本就失去她了。刚才我家正好同学说，她以后要做一个和妈妈一样的妈妈，因为她妈妈可以做朋友，还可以依靠，更可以清楚地叙事（我刚给她老师写了一封信，帮她解释了一件事）。

男人喜欢的女人从来都是主动追求！无一例外！@娓娓不倦人

写给单亲妈妈们

本文是收费树洞里的一篇回复。

不要让孩子再经历你的婚姻感受,这是最重要的。所以关于孩子的三个问题,其实很好回答

1. 喜欢是喜欢,爱是爱。爱是睁眼闭眼都想和这个人在一起,喜怒哀乐都想与对方纠缠、分享和共担;而喜欢则淡了很多,我们喜欢的人很多,只要不讨厌、乐意一起交流,都可算喜欢。但喜欢的人往往只是他的某一部分会被我们重视,爱的人则是他的浑身上下都让我们十分在意。

2. 作为母亲,你不能干涉他的婚姻自由,让他自己选自己喜欢的人,只要他爱人家且人家不会给他带来经济或精神负担即可。你对未来儿媳的要求也不该有"孝敬父母"四字,因为人家不可能不孝敬人

事出反常必有妖,言不由衷定有鬼。@飞行的石榴

家爹妈，你多余的这句等于告诉你儿子，未来媳妇得孝敬你……这会让你儿子对他的伴侣多一个不合理要求，即"必须对我妈好"。你被你婆婆拖累的那些年还没忘记吧，推己及人吧，不要让自己再变成没有血缘关系的另一个女人的拖累为好。这世上该孝敬你的和必须孝敬你的，只能是你儿子。

3. 正常家庭的婆媳相处、夫妻相处肯定与你家不同，所以你得鼓励儿子和他的女人有另一种阳光的生活，勇敢地去爱家人，负责地对伴侣好。你这十多年的付出是不好评价的，虽然辛苦艰难，但这是你自找的，你完全可以更自信自尊地度过这十多年，只是你选择了传统的忍耐、坚守……你不能叫你儿子或儿媳也经历像你一样的婚姻吧？应该告诉他，你在他成家后会尽量远地远离他的生活，让他不要有负担，让你自己也能有机会开始新生活。至于他们夫妻的相处之道，只要是相爱的人在一起，都会好好相处的，不用教。

你提的几个问题，显示了你对儿子的掌控已然到了忽略他年龄的地步，他都上大二了，18岁肯定过了，他必须承担一个成年人应有的责任了，你和儿子的交流可以有，但必须把他当大人来交流，而非停留在"我怎么解释夫妻离婚"这种问题上。你认为他不懂你们为什么离婚？你认为他害怕你们离婚？你认为他不知你和他爸早已事实

你如果觉得别人傻，其实是你傻。@大没女张三疯

分手？这么大的孩子早就有完整的独立人格和独立思想了，他打小看不到爸爸回家，就该明白他爸另有所爱、不要这个家了，只不过你们一直回避离婚话题，他也没法和你谈开而已。相信你儿子，他能接受父母的离婚现实，你只需要告诉他"爸爸妈妈因为不相爱分手了"即可。如果他还要问爸爸的小三，你可以告诉他"你爸与他爱的人终于在一起了"，以此来鼓励孩子将来也能坚持找他爱的人、过他想要的生活——假如你前夫的命运降落在你儿子身上，你肯定会难过、会心疼吧？十多年死磨硬缠才离下婚，对男人而言这种婚姻就是水牢，逃脱的代价也太大了点，你前夫的优柔寡断害他十多年才修成正果，你不会希望你儿子也有十多年难以言传的痛苦婚姻吧？所以你在和儿子交流婚姻问题时，要肯定追求真爱没错，要强调维护婚姻必须有限度，不能无底线地忍和等。人生就那么几十年，必须活得有价值有意义，不能把有限的生命都用来品尝痛苦和互相折磨。

你的第二个问题再次昭示了你的心理不成熟：你不要再想儿子将来和你一起生活了！你可以改嫁也可以不改嫁，只要你愿意，你可以选择你喜欢的后半生生活状态，只是最好离儿子远一点吧。你不能认为儿子是为了和你相依为命才来到这世界的，他以后会是别人的丈夫别人的爹，你要尽量淡出他的生活和视野，他才能拥有正常人的幸福家庭，他前面20年因为他父亲不负责而远离了正常家庭，不能后面

能让你看出来活得幸福的人，都不傻。@在思念的小狮子

几十年再因为他母亲不撒手继续远离正常家庭。你应该有独立独自生活的准备，有老伴儿更好，没老伴儿也尽量做到与儿子一家有距离地相望相处吧，不然你这一生太没价值了，全为孩子活了，最可怕的是，这种母爱会让天下媳妇远离你儿子。

而且你太想指导你儿子的婚姻观了，这也不是好事。你的婚姻就很失败，你还能指导他什么？你唯一能建议的是让你儿子别和你一样拧巴而纠结地活着。松手，儿子都这么大了，又没智商问题，让他独立思考、让他用心感受，他会有自己完整健全的婚恋观的，你只需提醒他"好好对你的女人"即可。单亲妈妈带出来的男孩子容易变成妈宝男，这是当代青年女性最讨厌的一种男人款。你要高度警惕的是，你今天所有问题都表现出你渴望或已经把儿子教育成一个不受女性喜欢的妈宝男了。我问你，孩子是听妈妈的话好呢，还是广受女人欢迎好？我也有儿子，我希望他是后者，那样我就不用始终操心他了，有女人替我管着我儿子，是多好的一件事呀，你说是不是。你和我岁数差不多，但你提前"解放了"，你孩子已经成年了，所以你该一心一意为你自己活了，为你自己设计一个不同寻常的中老年生活。你是自由的，你财务上也有能力实现精彩地活，那就放下孩子的问题，只忙你自己的事去，给自己找爱人，给自己找更美好的世界。孩子已经翅膀硬了，让他飞，让他放松地去高飞、远飞，不要再因为妈妈始终拽

太过于精明算计的人总是把简单的事情想复杂，当然不快乐，时间都拿去算计了。@一姗庚比一姗高

着他而害他无法变成鸿鹄！

其实，作为单亲妈妈，你想让你儿子有正常的婚姻观，你只需做一件事，就是告诉他，他和父母没离婚的那些人相比，什么也不缺，他有爹有妈，只是他的爹妈不在一起生活了而已。

鱼粉妙评

想要爱情就别结婚，结婚了就别谈爱情。@肥肥猪肉卷

写给未婚妈妈们

本文是某顺接到一个付费咨询后的总结。

因为你听不进劝,也因为你匆匆挂断电话,我特写这封信,希望你能读十遍以上,更希望你能照我说的去做,而不是继续执拗下去。

1. 你们仅是恋爱关系,没有订婚更没有结婚证,怀孕是你自愿的,你说是他叫你怀的,好吧,就算是,你也不能把他怎样,因为:他不是上帝也不是你爹妈,你听他的?他叫你死你也死吗?你是三十多岁的正常成年人了,在没有领证没有婚约的情况下,你敢跟他怀孕,那你就自己负责吧。所谓自己负责,无非是要么打胎、要么当单亲妈妈。

2. 打胎,你说你不愿意,貌似这是你的第一胎,你想留下来,但我觉得这不是你拒绝打胎的主要原因,而是你以三十多岁的年纪好不容易用孩子绑定一个男人,你是不想再轻易放了这男人吧,你幻想只

欲望低,期望低,人的幸福感就强烈。@ustyyy

要有孩子在他就跑不了。但他当真跑不了吗？NO，他跑得了，纵然你说他在很好的央企、年入30万、本地有房有车，他就能等着你来捆绑他、灭他的幸福未来吗？他可不可以辞职？你说他舍不得，呵呵，你小看男人的决绝了，男人想甩女人时是不惜成本的，你把他逼急了，他完全干得出辞职或停薪留职这等事，到时候你用孩子捆谁？

3. 再退一步，就算他不舍得辞职，你又能把他咋样？你不就是生了他的孩子吗？你自己愿意生的，你就自己养吧，他顶多跟你走法律程序，通过亲子鉴定后按法院判的数额每月给付这孩子一点儿抚养费。你千万别以为他一年能给你个十万八万啊，那可是做梦，因为根据法律规定："子女抚育费的数额，可根据子女的实际需要、父母双方的负担能力和当地的实际生活水平确定。有固定收入的，抚育费一般可按其月总收入的百分之二十至三十的比例给付。"你说他年入30万，央企的收入组成你了解吗，30万有多少在工资表上显示？法律是讲证据的，证据就是他的工资表，如果他的工资表上年入只有六七万呢？六七万的20%是多少？那些钱够你养孩子吗？千万别说"到时候我还可以找他同事证明他有30万年收入"，你认为谁会为了你把他自己行业的隐私或潜规则拿到法庭上去公之于众？他同事可以私下跟你说，但绝不会帮你当庭作证的，不管他们再怎么同情你，他们也不会做单位不让做并得罪同事的事，这就是现实，你且死了这条心吧。

> **鱼粉妙评**
>
> 婚姻不易，且行且反思。很多时候第三者的出现是婚姻破裂的结果而不是原因。@马小哈10

4. 你现在想跟对方要一二十万才打胎,你的理由是他一年都有30万呢。没错,他一年是有30万,但那是他的劳动报酬,与你无关。你唯一的理由就是"我怀了你让我怀的孩子,你要负责",这个诉求合情不合理,更不合法,也就是说,你提出补偿要求必须得是在对方同意的情况下才能实现,否则你上中国哪个法庭也告不赢他。为什么告不赢?因为不占理,还因为没有法律依据,口头承诺不兑现,只是道德范畴的事,与违者必究的法律践诺还有相当的距离。既然告不赢就不要瞎胡搞了,你要相信绝情的男人是不会给你掏钱的,你肚子里那块肉吓不住他,原因参见第三点,不再复述。他说给2万,你嫌少,但你没有想过吧,打胎及营养费恐怕还不用2万,他能给你2万已经是他肯负责的证明了,而你想要更多,你的理由是,他该为怀孕负责,他若不给更多钱,你就留下这孩子,把他搞臭。

5. 搞臭他容易,无非是挺着大肚子或带着孩子去他单位闹,让他同事都笑话他,搅黄他现在的恋爱对象。但他只要脸皮厚一点,这事随你折腾吧,他不会因此失业的,他也不会因此没老婆的,因为你闹的同时已经让所有人看到了你的纠缠你的可怕:他完全可以说当初是被你诱奸的,现在是被你讹诈的。你以为群众全都会站在你这边?呵呵,幼稚。而且就算群众同情你,同情能换一分钱吗?群众都不傻,

你来抱怨那就是说明攀比的结果是你输了,所以才有怨言。@上上张

都知道这不过是一起恋爱失败的案例,一个笨男人被一个疯女人缠上了而已。你以为靠肚里这坨肉能捆绑住他?或者捆绑不住他也能把他变成人人喊打的过街老鼠?不会的,这不是20世纪六七十年代,你渴盼的组织做主群众批斗场面,在你出生前就倾覆了,现在的组织不管非公仆的闲事(他就一屌丝而已,又没犯法,组织管他才怪),现在的群众也只顾看热闹而绝不会帮你把贱人挂上破鞋游街。所以,先拿上他承诺的2万,拽着他去打胎,这是眼前的正事,说白了,打胎后你还可以闹他、不停折腾他,只要你够坚韧就行,你真没必要挺着大肚子带着孩子去闹。哦,你怕打胎后他就更不怕你了。呵呵,你不打胎他也不怕你,除非他脑子有病,否则我不知道他有什么理由害怕你,法律又不是专给你写的。

6. 关于孩子,建议你为肚里的孩子想想。你目前年入才几万,你一旦决定生下这孩子,而男人也强硬到根本不管不问时,你要面对的是接近两年左右你没有收入,还有不断增大的开销,我估计你并没多少积蓄……你说你用什么养孩子?千万别说"船到桥头自然直",你一个人时怎么淡定都无所谓,带着孩子就没法淡定等到"自然直"了。且不说养孩子要花多少钱你根本没算过,就说你目前还未婚吧,你以为一个孩子作为私生子出生会有多幸福?你为这孩子哪怕认真想过一次,你也不会随便生下他的。他是一个没有爸爸爱的孩子,他是一个

鱼粉妙评

幸福的人一般懒得去争,有就挺开心,没有不攀比。得到会感恩,没得到会找自身原因。@用户5292694960

妈妈几近疯狂的孩子，他的生活成长环境很不好，你为这个孩子的出生准备了足够的资金和爱吗？没有，你目前有的都是对他爹的憎恨，你认为这孩子能打击他爹的美好生活，你就不认为这孩子根本不想有这种命运和这种使命吗？建议你去母婴论坛好好看看养孩子的艰难，再认真想想你能给孩子提供什么以及你能不能独自养大这孩子。不要幻想孩子爹给的那点生活费能帮你养大孩子，记住，孩子爹随时可以让你找不着他的。

　　以上所有建议都是为你所想，我和那个辜负你的男人不认不识，我希望你不要误解我的意思，我阻拦你闹，不是向着他，而是疼惜你。你的人生路还长着呢，你不能让自己因为一次怀孕就臭大街了，就毁了你后面几十年的生活。我建议你迅速打胎，更是为你也为未来的生命着想，你目前从哪个方面看都不配做母亲，母亲是要给孩子创造最美好的世界、最可靠的生活的，而你将给孩子看到的都是仇恨、贫穷、疯狂。这是完全可以避免的命运，你不能任性到坑己害孩的地步，你是成人，正常的成年人，你没资格这样做人、做事。

鱼粉妙评

　　凡是自觉情深者，均廉价。不明白情深伤寿，自爱都做不到如何爱人？"道理我都懂，就是做不到"这种废话完全是心理恶疾。@我是一邪到底的KIKI

第四辑

爱美之心，人皆有之——
做个精装版女人

为啥你的哥们多

我微博上有条跟帖,是一位女性对女性魅力短训班学员在化妆造型后巨变的点评,说:"漂亮了感觉像小三了。"你没看错,"女人漂亮了就像小三",这大概是很多女人的潜意识(此处的"很多女人"一般都是永远漂亮不起来的那种,或是想漂亮但没钱捯饬的那种)。为此我采访了几位男士,他们笑,说"这是嫉妒",他们还说:"不会跟不好看的女人相好,但她素质好的话,可以做哥们。"——听到这里,某顺恍然大悟,自己为什么有那么多哥们。你呢,你哥们多吗?

诚然,也有长得不错的女汉子,然而,她虽然不缺男人追,可是确定关系后又能维持多久,对她来说是个难题,能勾引不等于能维持,就像会钓鱼不等于会养鱼一样(关于如何养鱼,看我讲稿"男女相处"会有裨益)。相比不会养鱼又长得不错的个别女汉子,那些不懂如何钓鱼的女人就更值得教育了,没鱼怎么养啊?得先弄来鱼。但鱼很矫情,只认他想吃的鱼饵,对他看不上的鱼饵都是绕道加拒绝,活生生

男人穿衣没有品味,那是因为缺一个女人指导,你不庆幸还在这里挑三拣四。@北凉血

地伤了很多女人的心,导致她们都来问某顺:为什么我看上的男人看不上我?某顺实话实说的话,就得罪她了,某顺不实话实说呢,她就永远蒙昧下去了。要不要永远蒙昧,你说。

我们的传统教育也有问题,一直在鼓吹"心灵美胜于一切",心灵美固然重要,但你若是长得不好,人家第一眼就否定你了,就把你定格为"不会发展的人"了,然后跟你保持相当大的距离……试问你在人家的外围,还如何让人家发现你的心灵美呢?就算发现了,也只能做人家的哥们了。

所以,当你的自我奋斗已经有了眉目,经济精神都自立自主了,你就应该花大力气来改造你的外在了,老天不给我们的,我们自己造!化妆、打扮,甚至整形,只要能让女人更美更好的可行方案,都该勇于实践、积极施行。因为你再不动手改变自己,好男人就被别人瓜分完了!

有些长相差的女性,连像样的老公都抢不到,还能幻想其他吗?她们即便有外遇,也是以倒贴为主,因为不倒贴,对方真不会碰她。很多谈恋爱的未婚女子也有如此经历,同样是吃了长相的亏。案例中经常有人问:"他跟我在一起时非常吝啬,一分钱也不花,还想花我的

爱的反面不是恨,而是漠不关心。@向表姐看齐

钱，这是为什么？"——某顺做这项工作确实为难，说真话就容易打击事主自尊，我不想打击你们而又不想说假话的时候，只能顾左右而言他。此时某顺会说："他可能是只想给老婆花钱，他还没确定娶你时，花钱就谨慎"或"他天生就是吝啬的人"。其实这两个答案都属于"没有错误的并非正确的答复"。正确答复应该是这样的：如果他爱你，他肯定舍得给你花钱，如果他不舍得给你花钱却还跟你有一腿，只能是因为你的容貌实在不对他的胃口，但他目前也找不到长得好又对他好的女人，只能拿你滥竽充数，反正睡你是不用花钱的，他闭眼咬牙睡了。——这个答复是不是很暴力很血腥？可这就是客观存在，而且是不怎么讲究的男人才能有的客观存在。有的男人很讲究，非美女不要，不好看的女人倒贴倒追，他也绝不染指，这种男人是女人嘴里的真正男神，倒追倒贴也搞不到。

讲了这么多血淋淋的现实，我不信女人们还沉得住气，还能满足于自己容貌低人一等的处境。可能你又要说了，你是职业女性，你也没搞男人的欲望，你才不信长相差会是你上升的阻力呢。呵呵，如你一般自信的女性在我们短训班也有，但她们最后见到被老师们"装修"出来的自己，都喜不自禁。可以说她们这辈子都没有这么美过，妆容并不是很浓，也就生活妆而已，只不过是换了合适的衣服、做了合适的发型、化了合适的妆、摆了合适的姿势，她们就完全变成了另

感情不是水龙头，说关就能关的。弹琴的人也注定变不了牛。@你不管 20

一个人，一个让她们自己都惊喜和满足的新人。谁不愿意美好起来？谁不愿意和美好的人打交道？你再执拗，也不能否认长得好的男女更让人喜闻乐见和愿意接触吧？只有人家心里先不设屏障了，人家才能给你更多机会，你的职场才更顺溜，这不是秃子头上的虱子——明摆着的事吗？你精神上必须是自强自立的大女人，但外在能不能妩媚一些、柔美一些呢？能不能给自己创造更多的"被放一马"和被照顾的机会？女人再硬也硬不过男人，以柔克刚是女人混男权社会的必要手段，用外在美消除男人的抵抗、协调双方关系，有何不可？工欲善其事，必先利其器，你也只是愉悦自己的同时顺便消除别人的对抗而已。

所以，那些对好看女人报以偏见的人，如上所述之跟帖女，我服你，服你拧巴的世界观。'丑妻近地家中宝"已不适合当下社会，现在丑妻们多是整天哭号"他为什么出轨"的怨妇，你若还以黄脸婆为己任、你若还认为不打扮才是大婆标配，你生活只能乌泱泱一片漆黑了。我采访的男士让我转达他的意见给你们：老婆不打扮就是把男人往外推。某顺在前面十年的婚恋咨询研究工作中，一直鼓励你们精神上经济上都站起来，成为男人打不倒的新女性。现在你们已经站起来了，我要教你们用统战的观点来收服男人了，记住，不再有敌对，从此只有收买，因为你们已经有能力收买男人了，只要改变一下你们的外在和态度，就能实现让男人顺从你们的目的。美起来并不难，难

鱼粉妙评

有钱 × 不爱 = 不给钱花，守着富人过叫花子生活。@曾经帅呆过

的是观念,难的是自信,难的是勇气。

某顺奔五了,且有一定江湖地位了,有再多哥们也无妨,但你们不是,你们要什么哥们,你们应该要那些能帮你们前进并眷恋你们的男人。用什么吸引这样的男人?美色,只能是美色。

鱼粉妙评

对付出轨男最明智的做法就是:离婚!他有你有家时,小三才会觉得他吃香,一旦离了很多男人连狗屁都不如了。@小溪式生存

美人都有啥待遇

写下这个题目后，某顺真是百感交集，因为老子没享受过的待遇实在是太多、太多了！就从头清算吧！虽然回忆很痛苦，但面对真相的勇气某顺从来都有，这是我跟你们的差别，巨大的差别，这差别是我行走江湖从来都不吃惊，也不会很焦灼的根本原因。可以说某顺很小的时候就开始认识人性了，就知道要淡定要沉着了。

为写本文，某顺认真地回想了从前的从前，最早的关于丑女没有好待遇的记忆，得从我初三时的一次学生汇演说起了。那是为新年晚会准备的节目，有歌有舞，负责组织的那家伙偏偏不选我，他选的都是平时比较抢手的女生，即长得比较可爱的女生。虽然我殷切流露出想参与的兴趣，他还是不肯要我，给我打击够重的，后来我就不再主动参加任何文体节目了，这习惯一直保持到现在。30年来我习惯了自己玩，拉练看电影玩游戏都是自己，一个人的时候蛮能思考人生的，所以我看上去比你们要睿智些，因为我从容思考的时间要比你们多得

鱼粉妙评

连钱都舍不得给对方花还说什么爱，靠爱发电吗？　@momo 桃酱

多。话说那个不挑我演节目的发小吧，他后来也没靠文艺特长吃饭，倒是我刚工作不久，就在卡拉OK厅里当过驻唱歌手，虽然时间很短，虽然我只肯唱几首歌，但我也算是靠唱歌挣过钱的，凭这点我就特想立马"艾特"我那发小。

因为颜值而不能变成文艺骨干的少年，肯定不止某顺一个，不知你们在受打击后是不是都和我一样开始思考人生，反正我越思考就越像聪明人，越知道趋利避害、发挥特长，然后我就变成了现在的某顺。严格地说，我们的每一点进步都跟挫折有关。十几岁时某顺想在自己班里唱个《北回归线》都不成，40岁后某顺开始在全国各地做女性魅力巡回演讲，这可真是造化弄人、命运叵测啊？你说说。因为初中时就被颜值低的问题打击到过人生低谷，后来某顺就比较容易接受因为颜值低所带来的被排斥被疏远。你们高中都有早恋吧？我没，因为颜值低，我是进了大学才初恋的。你们毕业后就纷纷嫁人了吧？我没，因为颜值低，我是毕业九年后才通过频繁相亲嫁掉的。我把这九年当作自我寻找的九年，后来却发现这九年什么都没找到。如果我长得好看，一毕业就能嫁掉，那么多好，俩崽现在都22岁了，我现在都完全身心自由，可以天马行空到处走了。而现实是因为长得不好看，某顺的青春年华都以光棍姿态展现，每天一个人看卡带听广播，九年与电影广播相伴的光棍生活给我带来的明显坏处是，我成了晚婚晚育模

愿意为你花钱不一定是爱你 但不愿意为你花钱一定不爱你。@贝33

范，到现在孩子才上初中，我还得忙活儿女很多年……原本我的生活可以有另一个版本的，就像人家 A 罩杯，仅仅比我大几岁，因为颜值高，她都快当姥姥了，今天还跟我打听哪里有做镭射激光治疗的，显然做了几十年漂亮女人的她还没够，还想做个风韵犹存的漂亮姥姥。

看到美人 A 罩杯在 50 岁时还不放弃对自我颜值的高要求，今天问我"女人老了还用美吗？"的 40 出头的那婆娘，你有没有一点触动呢？因为没享受过美女的待遇，就不肯相信美女待遇是很熨帖很滋润的人有很多，这不赖大家，主要是见识短浅嘛，没见过就以为不存在，是典型的经验主义。但某顺见识过美女的待遇。众所周知，围着我的都是女人，里面不乏颜值高的，我很容易就再次发现了颜值高的特权：美女享受着男权社会给她们的与众不同的待遇。这让我从初中时就积攒的愤懑郁结终于到了爆发临界点——我不再坚持心灵美胜于外在美的说法，我要跟美女们屁股后面混了。

然后你们就发现某顺开始捯饬了，再然后我就发现自己在高铁、在机场、在任何时候都敢使唤男人了，而且男人也肯听我使唤，他们给我搬行李时看不出有一点儿的不乐意，他们为我做事时都很热忱很认真，我因此获取了很多有分量的友谊。过去的我从来都是男人不主动帮我，我就绝不张口请人家帮的，因为人家看都没看我一眼，我也

鱼妙粉评

永远记住：一个心疼钱胜过自己女人的男人绝不会和你友好相处到老。@沪歌

没勇气用人家呀。但这几年我胆儿肥了、自信心爆棚了,敢主动张嘴说 Help me 了。Help me、Help me 说多了,新习惯就养成了,看着男人也没敌意了。我在享受到年轻时都未享受过的待遇后,决心把"女性魅力提升"当作一门课程来广泛传授,是希望更多的女人都能早日觉醒,赶紧变成有魅力的女人,让这个世界为你做出更多的体贴举动。温暖可以靠自己争取,不过是把自己弄好看点儿罢了。

但是,女性魅力提升课程始终有人不理解,始终有人以"心灵美胜过外在美"来反驳某顺。好吧,人各有志,你若觉得你的世界都是因你的心灵美才温暖的,你就不要管你的脸了,继续做你有气节的素颜黄脸婆吧。

其实某顺也说过,要是脸不好看,还可以用别的抵,比如有钱、比如好的事业和家世,这些后天条件也能让女人被尊重(异性的爱就不用想了,一般男人都比较单纯,只想满足他的兽欲,而兽欲是从眼缘开启的,你让他动不了兽欲,他就无法爱上你,爱上你的钱倒是有可能)。另外某顺也发现了,有些女人之所以认为她不是美女照样生活好,原因是她根本不了解她男人,她的圈子也没个正经美人能给她个对照版的待遇刺激。中国男人擅长"外面彩旗飘飘,家里红旗不倒",该他做的事他都做了,出轨 N 回也能瞒着老婆,老婆却感觉"我

吃了又不能吐出来,那就咽下去,装没事。@我是一邪到底的 KIKI

好幸福好幸福"的，随处可见。因为圈子里没美女，就以为自己长相是中等偏上显年轻的女人，也比比皆是。总而言之，**颜值高的女人都在拼命捯饬自己，颜值低的女人都在拼命说风凉话**，后者也不想想，**如果没得着颜值高的好处，本来就好看的女人为什么还打扮**？

最后某顺要用一句掏心窝的话来收尾本篇了：你们经历的思想斗争和认识更新，我都经历过，我只是始终走在你们前面而已。不信？你过几年会信的，但这几年的光阴就扔了……女人的岁数也重要的，切记。

<u>鱼妙粉评</u>

　　适婚年龄的男人没有性经历和性经验的，在女人眼里根本没有价值，自身条件和资源配置都差得没人跟他做，还把处男当优势了！ @造化

做个美人有多跩

上周某女博士用十篇论文换夫婿的话题在微博火了一下,有粉丝"艾特"某顺,某顺点评:"她要是漂亮点儿,何至于出卖自己读书二十年的辛苦成果。"图的内容如下:

一则有趣的征婚启事

性别:女 大龄博士

工作单位:某医大附属医院

嫁妆:自带十篇SCI论文,已接受,可改夫君为第一作者!

唉,颜值太低的女人确实是性生活都要花钱解决的,若想让性伴跟自己过一辈子,肯定得倒贴加死缠了。可是你要真建议她们去整容去捯饬的话,她们一定会鼻孔朝天地抢白你:我又不是花瓶,我是靠实力吃饭的,我犯得着为男人高兴就去整容去化妆吗?拼命让自己有

现在你放不下、舍不得,以后你就会满世界找后悔药。@指尖的陽光 47837387

社会价值，没错，只是你拼命换来的社会价值再拿去换男人……这是不是很辛酸呢？稍微捯饬下、收拾下，能让男人看得过眼了，都不至于花钱买春吧？哦，那位女看官说了，她们才不买春，她们都是用自身魅力吸引男人。但自身魅力又是什么？是你的专业和你能挣钱吗？要知道你再有本事，你那本事也不能给男人造福，你再能挣钱，你的钱也不会都花给男人，如此，他忍着眼珠子的难受和心里的膈应硬要了你，他又图什么呢？PS：别怪男人是视觉动物，女人也是，若黄晓明和王宝强都追求你，我不信你首选后者。

某顺上一篇文章《美女都有啥待遇》没来得及总结美女的待遇，本文写到此处必须接上文了。美女小时候是文艺骨干自不待言，不管她是不是破锣嗓子她都会因为脸盘好而站在演出方阵的前排，这叫对观众负责，大家都能理解。美女上了初中就有一群男生围着她转，不管成绩好坏她都不缺早恋对象，初中男生就有纯粹的审美观了，小屁孩儿们很单纯，不会为钱喜欢上一个女生。等美女上了高中、大学，更是受老师宽待、被异性同学喜欢，除非她有什么偷摸撒谎的恶习，否则她学习好坏都不缺护花使者。美女走上工作岗位后还是一路顺风，别提潜规则，长得丑的女人想被潜都找不到配合的，这是事实吧？至于学习锻炼机会为什么总给美女，我为此专门问过几个男老板男领导，他们表示：主要是看着舒服，只要美女肯团结同事、不是太强势，就

鱼粉妙评

只有想和你结婚的人才会和你谈现实，嘴上爱情至上的人都只是为了消费你青春的身体和金钱而已。㋱俞清鱼

愿意让她们离自己近点，赏心悦目嘛。

虽然作为颜值低的女人们一路吃亏，但因为有祖传又拧巴的传统思想撑着，颜值低的女人们总在自我安慰：没人照顾我，我就自己努力奋斗，本事是我自己的，我老了会活得比谁都好！——亲爱的亲，某顺以前也是这么想的呀，所以某顺一路埋头奋斗到今天，浑身骨头都疼得受不了时才醒悟，我是不是可以不这么努力啊？假如我 30 岁时能咬咬牙去整容，那我多年前就能留在央视了，再不济也能留在卫视吧，凭我的口才，混成名嘴不在话下啊。就算我不进电视台，我要是把自己整好看点，也会变成一个有炒作热点的美女作家，哪像现在的我，就是有俩孩子的大妈，如我这样的女作家多了去，我还怎么火起来，不火起来又怎么挣得到大钱？奋斗可以走捷径的，年轻时的我不懂这个，所以我活该熬到快退休了还在奋斗中。谁来告诉我，你为什么至今还在奋斗，是不是像我一样，从来都不抬头看路地一直傻走着？

颜值低的女人们不仅事业上比较波折，生活中也是穿够了各种小鞋。人家美女出门，有人帮提行李，有人帮买票，有人请饭吃，有人当车夫……长得不好看的你出门有啥，你告诉我？人家美女违章，嬉皮赖脸和交警逗逗闷子撒撒娇，八成就能混过去了，长得不好看的你

鱼粉妙评

如果女人不把结婚生子当作人生必需，她的人生将有无限可能。@ 木棉葵葵

违章试试，你看交警不跟你公事公办？就连酒桌上美女都能滴酒不沾地放翻一群男人，长得不好看的你试试，不掏出药瓶、不假装酒精过敏，看谁能饶你？当然了，你混到大老板和女领导的分上，也有不少人为你鞍前马后了，也没人敢灌你酒了，开车违章也有司机顶包了，然而，有几个女人能混到这分上？各种人生际遇，颜值高的和颜值低的分别消化了上下两端截然不同的感受。过去讲容貌乃爹妈赐予，整容就是对不起父母甚至有改运之说，但大家都看看身边的人造美女们，有几个是因为整美了导致命途多舛的？你不要拿郭美美说事，她是傻子你不是，你走不到她那步好不好。

再回头看看上面那位女博士，她学医的，她整容比别人是既便宜又便利（找整形科同学帮忙减些费用不是小事一桩嘛），她要是在读研时就整好了，至于现在拿自己的心血去换男人，让满世界人看笑话吗？（此处需要再次重申的是，某顺以她举例，绝不是提倡大家都去整容，而是建议各位用客观理智的心态看待颜值的重要性。还是那句话，能化妆遮掩修正的就化妆遮掩修正，化妆解决不了的问题，适当微整下也是可以的，不要任由自己的低颜值成为绊倒自己事业的那块臭石头。）有些女人说，我颜值不高也蛮顺利、蛮受尊重、蛮幸福的。嗯，某顺信你对生活对自己的要求都低，这点绝对是真的，若你试过给个微笑就能当通行证的美女待遇，你也不这么自满自大了。记住，

> **鱼妙粉评**
>
> 不管对方人品如何，既然第一眼很讨厌，就说明不是你的菜，再好也白搭。@rose142835240

颜值不重要的前提是,你已经叱咤风云了!

"被外表吸引没罪,不注意自己外表而期盼别人发掘自己的内在美,才是贪婪。"这句话是一位资深美女写给她女儿的,某顺借用来作为本文的结束语,只想传递一个意思:美,必须被重视。

出一次轨就是出无数次轨,不离还留着过六一吗? @锋 279519846

男人为啥不撩你

某顺在咨询工作中经常见女人感叹:"我工作家庭个人条件都不错,就是圈子小,因而找不到男人!"这是真的吗?某顺不禁莞尔。这怎么可能是真的,圈子再小,你圈里的人也不都是光棍啊,为什么就你剩下了?就你找不着主呢?还不是因为你那"个人条件都不错"仅仅等于"一般般",尤其是容貌自估分过高……天下男人无不是以貌取人的,所以你不剩让谁剩,没男人撩你也只怪你丑嘛(写下这句,某顺心有戚戚焉)。

很多女人在由丑变美后(后天改变很重要,整形化妆是关键),都禁不住叹息当初自己霉运连连皆因貌丑,这种认识只能是由不好看转为好看后的女人才能有的,一直好看的女人没法感同身受,一直难看的女人更难相信哪怕后天变美也能改变命运。但这就是客观事实,你信也好、不信也好,它都结实地存在着,只是信的人从此进入顺境(信了就会顺从)、不信的人继续逆境挣扎(你丑你活该比别人在事业

鱼粉妙评

结婚是失误,离婚是醒悟。再婚就是执迷不悟。@金华 200868436

情感上都付出更多）。

其实仔细观察下身边人、你了解的一些人，你就会发现并不奇特的普遍现象：长相中等偏上的女人是不用追男人、也不会倒贴男人的，长相中等及偏下的女人就很容易倒追或倒贴男人。不用问为什么了吧，男人看不上她们，但她们的生理、心理需求并未因此泯灭，她们只能改为进攻方，主动追求男人了，主动一方哪有不掏钱的，所以她们同时也变成了倒贴方。**男女的世界本该是男攻女守的，当女攻男守出现时，雌雄阴阳位置都颠倒了**，你觉得还会有正常和谐的男女关系吗？

当然，有人把女人的倒追倒贴理解为新女性新人类。好吧，我支持你的思想解放，真的支持，只是作为一名婚恋咨询专家，我想给你提个醒：要成全雄性动物的狩猎本能，男人喜欢追求女人（此处的女人必须是美女）。一般男人都乐意做进攻方，你不给男人这机会，他可能一时半会儿被你的主动吸引并感动，但稍微平息下心智后，他还是想满足他的进攻欲、猎人欲、主动欲……你要是长得不咋样，他对你都没有欲望，还怎么跟你谈情说爱？所以，你说男人对你不好不在乎之前，能不能先照照镜子，有哪个美女不是被男人千般呵护万般追捧的？

鱼粉妙评

为什么要女人受婆婆的唠叨而男人不能受岳母的唠叨？ @呵呵哒 WQY

倒追倒贴的女人很容易心理失衡，得手后很容易任劳不任怨、又开始不满男人对她的不上心和不付出了。这种做法是不对的，你主动时你就该想到你的待遇注定了如此这般，你跟他处上就算功德圆满了，还叽歪什么他没有回馈你同等的爱？他肯屈尊跟你在一起不就是最大的回馈吗？你当初不就想得到他的人吗？如愿以偿后也不该转眼就忘了初心吧。你要真心觉得亏，可以立马踹了他，他肯定不会纠缠你的，因为他打头起就是被你纠缠的，他想甩都甩不掉你才是真的。别说是女人就不该被男人冷待，女人还不该倒追倒贴呢，你做到了吗？

老祖宗说"抬头嫁低头娶"，讲的就是女子美好到被百家求，挑来选去最后择定一个婆家，在遴选中胜出的这成绩让婆家十分得意，婆家才会隆重迎娶你。如果你长相不咋地，过去没媒人给你说亲、现在也没红娘给你牵线（中间人觉得给你牵线会得罪男方，让男方数落他"怎么给我们介绍个这样丑的"），最后你就只能自己出手了，结果是主动进攻男人还屡屡碰壁 好不容易用礼物收买个凤凰男屌丝男，他还因为内心想着俊俏女人而始终不能对你真心实意……你说你的人生还能好吗？你还能感受到幸福吗？

说一千道一万，女人要想有幸福的生活，离不开一张好脸，女人要想得到传统的婚恋幸福，也离不开一张好脸。没有好脸的女人都活得

大多数旧情复燃的结局都是重蹈覆辙。@尽力而为随遇而安

倍儿辛苦，不仅得不到男人一毛钱支援，还要倒贴男人，甚至连个撩骚你的男人都没有时，你该有多沮丧！这里需要认真强调了：你丑你奋斗是应该的，你想人生路上少点奋斗，那就把自己的外在弄好看点吧！某顺做了十年婚恋咨询师后才深谙此中道理，才发现女人没貌简直会苦一生一世。为了帮先天不美的女人"脱困脱单脱恨"，某顺才开始做女性魅力短训班，希望能在较短时间内让女人们都找到美丽的方向和目标，找到轻松生活的渠道和办法。

鱼粉妙评

唯有互利，关系方可永恒。男人在事业前途上永远比女人拎得清。@木棉葵葵

都谁觉得你不丑

"美起来"系列已经写了七篇,有读者问某顺是不是在提倡整容、主张浓妆艳抹?我觉得如果断章取义只为攻击某顺的话,你不配得到我一个字的回复,我拉黑你就是了;但如果你只是想偏了、看歪了,我可以给你一点正确的指引:某顺从来都是"不反对整容"、而非"提倡整容"。"提倡"和"不反对"有本质区别,这事关对他人的尊重和包容的态度。我在很多现场课上讲过同一句话,这里可以再讲一次:我能接受别人的各种生活方式,因为这是 Ta 的人身自由。整容如果事关 Ta 的未来幸福和事业前途,又有什么不可为的?法律和道德都没侵犯,就没什么可指责的。

说到"主张浓妆艳抹",就更需要更正了:我主张的是合适精致的妆容,而非浓妆艳抹。你觉得我的学员浓妆艳抹?那要看跟谁比、跟什么状态比。同是东亚,韩国日本妇女为什么看着比咱国妇女要洋气些?不就是人家会化妆会刻饬吗?20 多年前某顺参加一个经贸会,

---

鱼妙粉评

一切你降不住、起疑心的人,很有可能就如你怀疑的那样。@沽酒向梅边

有个台湾女商人描眉画眼、唇红脸白，很艳丽，让当时才20岁出头的某顺震撼不已，因为彼时的某顺并不懂女人那么老了（45岁）为什么还要打扮。现在我的岁数、经历及经济能力都到了她那个阶段，我就很懂得她为什么要化妆了：因为打扮起来的她就是比同龄女人显得年轻漂亮啊！

　　个人能美化世界的时候，就算出于和谐社会目的，也该尽力去美化。其实，打扮好看的女人就是人间的美景方物之一种，你接受不了只是因为你的境界还没到，即还在贫民窟的你享受不了富人区的刺激——这个比喻不是太稳妥，一定会被某些人又利用来大做文章的，然而，这个比喻能够准确切中要害：穷人能怎么捯饬呢？捯饬本身是需要经济条件来支撑的，穷人最多就是洗干净脸、把头发弄服帖吧，只有富人能承担捯饬所需的各种软硬件投入，化妆品衣服包包鞋子都需要钱，学化妆练仪态修正身材也需要花钱请老师……女人要想外在出众，如果不是天生丽质，就得先拼命挣钱，然后用钞票攒出你的花容月貌来。自己的钱花在自己身上，永远不会白花了，因为自己不会背叛自己嘛。所以当这个世界有越来越多的女人开始捯饬自己的时候，只能证明社会进步了、女人站起来了并觉悟了。你不打扮你就坚持着你的本色便好，不要再叨叨别人怎么打扮了，因为这不关你的事。

　　自己是根藤，却恨世界上的树都抛弃了自己，做不成大树哪怕做根草也好，起码不用依附别人。@孤竹1221

也有些人觉得化妆是多余的，是与简单生活相背离的。怎么说呢？你愿意简单，可以继续简单，不愿意简单的女人就让她们继续复杂好了。早起半小时化妆，少睡半小时卸妆护肤，这对很多女人而言已经成为每天必做的程序。按辩证法来说，有付出就一定有收获，爱美爱捯饬的女子虽然少睡了一小时（也不尽然，她那么爱自己，一定会捉空休息的），虽然比不化妆的女子多花了不少钱（也不尽然，她那么好看，一定会有男人给她埋单的），但她们真的是生活越来越好、状态越来越好（个别脑残除外。但请记住，不美的女人的脑残比例并不低于美女，因为她们更爱幻想，比如幻想男人重视她的气质和心灵）。某顺和男人们一样爱着美女，与男人相比，我更爱美女的精神头：能做到先自强、再扮靓的女人，都是事业上已经成功的。我爱有追求有理想有韧劲的女人，就如爱我自己。曾经有一时期鱼粉们的口头禅是"爱生活、爱某顺"，我到现在还认为这六个字很正能量。只有爱生活的女人，才有打扮自己的冲动；只有爱某顺的人，才不会误读和曲解某顺。

在坚持素颜的女人里，有些是认为化妆捯饬没必要，因为她就不觉得自己丑；有些是不好意思化妆打扮，因为她圈子里都是原始版脸孔。先提醒下后者：正因为你圈子里的人都不打扮，你打扮下才有鹤立鸡群的效果啊，为什么要跟别人一样呢？你试着美起来后再看圈里

男人开口离婚，那是铁了心的，不像女人说说而已。@Jeans 墨

人的反应吧，只要他们不是精神病患者，他们一准会喜欢你的变化。至于前者，某顺只能说你的自信很了不起。当然，有时家人朋友的阻挠，也会成为女人坚持素颜、始终无法走向美女的原因，这就涉及本文的标题了——都谁觉得你不丑？某顺替你拢了拢，不嫌你丑的和嫌你丑的都拢了，有如下这些，你自己琢磨：

不嫌你丑的有：孩子（你生的你养的，但凡不是孽种逆子，Ta就不会嫌你丑，血亲的宽容是不理智的，也是世上最后的温暖）、父母（坊间有话说"自屎不臭"，生你养你的父母即便知道你不美，也不认为你丑到哪里去了。尤其你要整容时父母会跳出来阻拦，他们一是怕花钱，二是怕手术失败，三是怕你疼；但整容后的你会给父母很多宽慰。我一咨询者说，她整容前爹妈真是有个男人就想她嫁、不论合适与否，她整容后爹妈都说，闺女这么好看了，必须找个条件好的男人……）、配偶（已然有孩有家了，嫌你丑也换不了人，心里不爽他可以出出轨打个牙祭，为了安定团结他也不能老说你难看；而且"丑妻近地家中宝"是屌丝男们的精神安慰，想想太俊的老婆会给他戴不少绿帽子，他也不嫌你丑了。PS：这是指迫于各种需求不得不娶丑女的男人，也有个别男人真是被丑女设计套牢的，他没能力摆脱，只能束手就擒。这两种男人都是嘴上不嫌心里嫌，他若能低成本换老婆，他一定会换了不好看的你）、闺蜜（出于爱屋及乌、也出于怕你比她强

> **鱼粉妙评**
>
> 男人欺骗女人的方法基本都很老套，跟老婆没有感情。那怎么不离婚了再乱搞呢！纯粹扯淡。@微笑向暖ann

太多的私心，一般闺蜜是不会说你丑的，且只会放大赞美你的那点优势）、老板娘（你丑了，她男人就安全了，她是另一个不好看的女人）。

嫌你丑的有：适龄异性（为什么你看上的男人都看不上你？多半因为你丑）、同事同学邻居客户老板（这些人因为和你有着种种不能翻脸的利益关系，他们不会公开说你丑，但如果你得罪了他们，他们背后议论你时会这么夸你：内外高度统一，相当丑）、所有认识但关系一般的人（按说都没什么交情也没什么过节的，他们不该嫌你丑是吧？不是的，没交情没过节的才更客观，也更不留情面。你不好看就是不好看，他们不会当你面说，心里可是始终不认可你）、所有不认识又会邂逅的人（请相信这是一个看脸看外在的时代，你好看又打扮得好，只会给你的社交加分、给你的际遇提升等级。知道高铁上为什么没人帮你放行李箱吗？知道打不到车的时候为什么拦不到私家车吗？因为你不好看），还有总被你抢风头的同性（这点看热门微博就明白了，一般都是丑女在攻击美女）。

> **鱼粉妙评**
>
> 扔了吃饭的土碗，以为自己能用上金碗。结果没用上，搞得自己饭都没得吃。饿了肚子，自然是想找土碗舀饭吃。@娓娓不燥人

她从婆娘变女神

黄晓明大婚，网上就一片哗然，争论他老婆 Angelababy 有没有整容的两派，简直打得不亦乐乎，当时某顺还给媒体写了篇专稿，主要内容就是"整没整，关你鸟事"。依某顺看法，如果这世上都是黄太太那样的美女，即便都是整出来的，我也高兴，因为我眼球舒服啊，赏心悦目总是好的。这几天资深天王郭富城的女人又掀起微博大浪，网上再次响彻要不要整容的争论，某顺专门去看了那妞的照片，人很漂亮，还是赏心悦目，我还是搞不懂怎么会有那么些人介意她整没整过，就算人家整过又如何？黄晓明郭富城都不介意，关你鸟事？而且，整容的大门从来都是面向大众敞开的，Angelababy 和郭富城的女人可以整，范冰冰李冰冰刘晓庆也可以整，你们更可以整！你整就是了，从来没人挡你，何必贱手老指着别人"她整过她整过"地 balabala 个没完呢？

我在关于黄太太的那篇文章里写道："人家掏钱养你的眼，你还瞎

> **鱼粉妙评**
>
> 你爱他而他不爱你，所以才希望你变成他喜欢的样子。放他去找他爱的，而你去找个爱你的吧。@我的昵称素心儿

叨叨啥呢，跟你有关吗？"这是我对整容的态度，这态度来自我的马上进入第 12 个年头的婚恋咨询工作。经历过上百万咨询案例的冲刷洗涤，某顺已深深懂得世界真实的模样和人性真实的丑陋，某顺也深深领教了"男人就看钱，女人就看脸"的国产婚恋本质，这才使得某顺从起初的鼓励妇女们自强自立自我奋斗，转化为要求女人"两手抓、两手都要硬"——内里你必须经济精神都自立，外在你必须修饰改造全重视。**内外兼修方可傲视群雄，鹤立鸡群才能优先选择**。这么简单的道理就不用某顺再证明来证明去了，我只想再一次地提醒女性同胞们：男人的眼真没瞎，男人就是视觉动物，男人挑女人时总是先选漂亮的，尔后在漂亮的里面选聪明的……如果你坚持你是聪明的女人，那就再把自己变成漂亮的女人吧，赶紧变，变晚了，70 岁的老头也是别人的了。

说到变美，肯定离不开整容，因为这是一劳永逸的办法，但整容的确有风险。其实任何手术都有失败率，整容也不会例外，所以选择医术高明的医生和信得过的能事后负责的医院，就成了每一个整容男女的首要任务。整容成败关乎后半生幸福，你如果决定要整，那就坚决找大医院找名医来做，这事绝不可为省钱省事而选择没有风评口碑和质量保障的小门诊。经常有咨询者问某顺哪家整形医院靠得住，某顺都说：你省最大的公立医院的整形外科。为什么这么说？因为所有

鱼粉妙评

一个女人是否纯洁，应该取决于她的个性和心灵，而不取决于她的历史。
@杰晓末

先进的医疗设备、尖端材料和技术精湛的医生，基本都在大的公立医院。公立医院平台大、客户多，医生们练手的机会远多于别处，如同某顺要是没有这么多案例支撑，敢动辄一句"不要问为什么，照我说的去做就是"地答复人家吗？而且，尽管民营医院也发展迅速，但你用脚想也能想明白：万一做坏了脸，你是找公家单位打官司容易，还是找个体户维权容易呢？

关于选择整容的医疗单位，我一向建议鱼粉们慎之又慎。而且为了对得起你们的信任，我也从来没有把道听途说的好医院好医生推荐给谁过，毕竟这个人做好了，不代表所有人都能做好。金牛座的某顺比较保守，还是相信组织监管的大医院，只要大家能找当地最好的最大的公立医院来做，就如同买了保险，总能心里踏实些吧。众所周知，现在有些整容机构并不具备整容能力，真有可能是一帮乌合之众在忽悠你的钱。曾经就有一家所谓微整医院通过中间人找我，要我把女性魅力班弄到他那里去做，承诺我短训班费用都由他负担，我只管收钱就是。肉包子从天而降，某顺是不是要高兴死？NO，某顺拒绝和他合作，因为我知道，其目的主要是勾引我学员去他那整容，即便他能做到整坏了也不用我负担，整容费还能给我提成，我也做不到如此辜负信任我的鱼粉们！某顺做免费问答 12 年，尽管我本人不能尽善尽美，但坏到算计自己粉丝的事，我下辈子也做不出来。某顺希望各位

鱼粉妙评

"不介意过去"和道德一样，只能要求自己恕人，不能强求别人如此恕你。能力不强才幻想遇到善待自己的人。@曾经帅呆过

需要整容的鱼粉也能慎重选择整容医院，不要让自己陷入无尽的后患中，毕竟整残了还无处申冤的人也是有的。

另外，某顺再次提醒各位：如果化妆能达到目的，就不要动刀子。比如眼睛小点，完全是可以画大的；皮肤差点，完全是可以遮盖的；脸胖点，完全是可以靠侧影修饰的。只有化妆无法修正的问题，才需要整形解决。所以，整不整，要想好，整多少，更要想好，不能真的整上瘾，你又不是演艺圈的，整个中等偏上就行了，完美细节靠化妆。

鱼粉妙评

自己兜里有钱，想去哪去哪，想吃什么就吃什么。为什么非得求丈夫一起去？ @小小青蛙109

美是一生的功课

有鱼粉发来一张对比图，意思是女人要做个永远优雅的老太，而不是自我放逐的中年妇女。某顺以为然，不过，优雅老太估计退休了，也没孙子带，才可以活得这么恬淡自若；而中年妇女，上有老下有小，还得上班挣钱和捉出轨的男人，她能在地铁上打个盹也是爱自己的表现（某顺此处是泛指，不是说中年妇女就真有那么多心事）。但总之，作为女人，应该力所能及地保持美好的姿容仪态。某顺前面已经写了很多相关内容，都是劝导女人们要努力要上进，因为你只有努力上进了，你的经济能力才能把你从生活重压下解脱出来，之后，你才能有老太的从容和优雅。

某顺曾戏谑自己老了也要做老妖精。嗯，做穿红着绿的老妖精容易，真正能长久保持个性和有品质的装扮，并不容易，需要始终把握时尚脉搏，还需要始终有"我要与众不同"的勇气。别看某顺现在活得蛮自我，不知再过二十年的某顺是不是还能这么任性。我当然希望

我不太喜欢"回报"一说，就好像是一种变相的交易。真正的父母子女之间的爱不应该是这样的。@五月茆茆

自己能保持特色到老,但我老了后会不会随波逐流,也难说。嗯,现在想来,做一个外在装扮上始终特立独行的人,是超有魄力的一件事。不过,现实生活中多数坚持特立独行装束的人,并不具备真正的美感,而只是一根筋地将执拗进行到底。所以,什么是美,真正的美是什么样子的?某顺希望女人们能从"我想这么穿"过渡到"我能这么穿"的境界。只有方向明确,才不会走错路。

关于美,应该每个人都不反对,若谁反对美和反对你追求美,那他一定还会反对善良、反对这世间一切积极向上阳光灿烂的东西,他就是一个具有反社会人格的家伙,你跟这样的人在一起岂能有幸福可言,没被他杀了都是侥幸。所以,当你努力投奔美好的时候,你还要适时更换一下你的朋友圈,那些不停奚落你和打击你自拍的人,那些在你穿了比较前卫的衣服时指指戳戳个没完的人,那些始终背后说三道四、自称保守规矩其实守旧落伍的人,你都可以远离他们了。一个努力向上走的人,不需要与周遭的反对者握手言和,坚持你上进向好的脚步即可,别担心因为离他们越来越远而被孤立,你真正的朋友都在前路上等着你呢,你不会始终孤单寂寞的。同道者同行,不同道者,就不说再见地永远拜拜。

不论男女,美都是一生的功课,不敢美起来的人也怪可怜的,他

痛苦、仇恨这些不良情绪,都源于脾气超过能力。认为"付出"太多没得到回报,这本身就是"弱者思维"的反映。@曾经帅呆过

一定是思想局限在"有钱才能美"的认识里了,他一定是从来没有受到过美人的待遇……正在看此文的你假如还有一丁点儿的生活热情,我都希望你开始学习美、靠近美、力争做一个你圈子里最美的人。可能你会说"我没钱扮靓"。亲,有的美需要钱铺垫,有的美只要提升了审美情趣就能实现,所以不管你有无经济能力彻底改造自己的外在,只要你想美,你都有可能比过去的你美一些。

刚才又看了那几枚老妖精的照片,某顺真是羡慕得不行。你说她们浑身名牌吗?未必,但她们的敢穿、敢让自己出头,以及她们对时尚的把握和对自己的良好定位,个性鲜明又融于环境的形象和气场,才是让某顺真正动心的。我希望我将来能成为这样的老妖精。老了也能美,是多拽的一件事啊。

鱼粉妙评

恶劣环境的原生家庭带来的负面影响非常大,很多人一生都无法摆脱(有的是无意识摆脱,有的是有意识摆脱),想要摆脱需要付出非常多的努力。@五月茜茜

内外兼修才最美

这几天某顺一直在写跟女人变美有关的文章，有人说是软文，呵呵，这些文字将来指定会出版成书的，你见过软文结集出书的吗？捎带宣传下女性魅力短训班而已，但主题，你们仔细看看这一系列的文章，哪篇不与男女关系有关？哪篇不能纳入我的不脱不色系列？（我说过我不会写不能出版的文字，你得信。）

本文开头加上面的帽子，其实是专门为某些人量身定做的。自某顺开始写"女性魅力提升"系列，就发现某些人老是说三道四，Ta们的主要观点都是我之前批驳过的：什么"素颜才真实、内在美是真美、男人更喜欢发愤图强的丑女"……尤其是最后这句，某顺只能"呵呵"了。论发愤图强，还有几个女人比某顺更用功的？怎么就不见大把的素质品质优质男来追求和喜欢某顺呢？不就是因为老子长得不咋样嘛。这也不是某顺一人遇见的现实，你们都扪心自问下，如果你是男人，你会在好看的女人里挑能干的那一个呢，还是会在能干的女人里

鱼粉妙评

苍蝇围着一筐鸡蛋飞，各个都舔一遍，只是有缝的那个舔的力度大一点。
@万堤百晓生

挑好看的那一个？按有些人的说法，美女都徒有其表、胸大无脑，都是花瓶、都成不了器，如此的她们怎么可能出现在能干女人堆里？你是不是只能找个不好看但能干的女人了？问题是男人肯找不好看的女人吗？同样问题还要问问那些自己就不好看却满嘴"气质能力最重要"的女人：挑你的男人都是你看上的吗？为什么你看上的男人都看不上你呢？

我朋友凝眸（前纸媒评论部主任）说："先天不美的姑娘很可怜，不断感受世界浓浓的恶意。爹妈给了好皮囊，是运气福气，皮囊不好的话，感谢现代医学，可以后天改变。说什么文化重建，那是下一步的事，现在首先要审美重建，拨乱反正。美丑颠倒，也是'文革'余殃，美和淫荡画等号，这流毒到现在还没肃清。"——此处引用她的话，是为再次提醒妇女们：你没条件美起来就算了，若有条件，还是得想方设法变美女。当下就是个看脸的世界，你另类不成的，没人配合你。十年前某顺叫你们精神站起来、经济强起来，现在你们精神站起来了、经济强大了，现在的你们有能力变得更好了，这个"更好"就是从哪看你们都是好的，里外一样的好。每个女人都有变成林徽因的梦，先经济精神都强大起来，再通过技术手段整漂亮，然后吸引一群优质男……谁不是这么想的你告诉我？我就不信你的人性和大家的人性都不一样，除非你不是人。先天没有后天补，这是多么正常的事

鱼妙粉评

男人最矛盾的事：既想自己老婆守妇道，又想别人的老婆不守妇道。女人最矛盾的事：既怕老公没钱，又怕老公有钱。@用户6334136810

儿，不要等到你 70 岁写回忆录时还对男人怀恨在心，还嫌他们只看脸，不给你面子。

昨晚看德尼罗主演的《实习生》，剧中老鳏夫因性需要睡过街坊老太，但他看不上人家，滚床单一次后就躲得远远的了，假装又忙又怀念前妻；等他工作中又认识一老太，一个与女街坊完全不一样的魅力老太，真正性感迷人显年轻的女士，他一下子就拜倒在人家的石榴裙下。看看，即便你眼下巨于经济实力还能藐视姿色的重要性，将来以后你依然会因姿色被男人再度挑剔，因为你的钱又不是全给男人了，不缺饭碗的他凭什么不挑个好看的女人养养眼！傻婆娘们，不要再问男人："你喜欢心灵美还是外在美的女人？"因为男人从没忘记"内外兼修"这个词儿，只有你想用"内在美"糊弄过关而已，但你糊弄不过去了。男人由于口是心非和碍于面子不会告诉你，他们只想要美女、只想睡美女、只想娶美女，过去现在以后都是。能不能实现理想是一回事，有没有理想是另一回事，男人在追求理想，你可以永远不解不屑，只要不期待男神爱上你就行。

谁离开谁都能活，别把自己想得太重要，也别把别人想得太重要。@迦叶渡 JN

第五辑

摸索前进，跌倒爬起——
我和世界爱着你

苦口顺心大力丸（一）

1. 不要和烂人纠缠，因为你没他下作没他狠毒，你纠缠不过他也打不过他。所谓识时务者为俊杰，碰上烂人的第一反应应该是躲，而不是把自己拉低到和他撕扯不清的状况。不要和烂人赌气，因为他就是为气疯你才刺激你袭击你的，你若不快快躲开，你会发现美好的时光都被恶心肮脏的事给占据了，走出他给你圈的斗兽场，离开兽类，重拾你美好的时光，做明媚的人，过干净的日子，你才能重返快乐。恨，解决不了任何问题，只有完全超越他、无视他，你的价值和尊严才闪闪发光。

2. 关于交朋结友，某顺的原则是：不与三观不一的人结交、不与心狠手辣的人结交、不与口是心非的人结交、不与下作淫贱的人结交、不与坑害他人的人结交、不与贱嘴贱舌的人结交、不与违法乱纪的人结交。可能你会说"其他都行，为什么坑害他人的人也不能结交？他们之间的恩怨是他们的事，他坑害人家或许是人家对不起他在先

鱼粉妙评

爱情就是这样子，玩腻了一句性格不合就算是分手的理由。遇见渣男不可怕，看清他真面目后你还有所留恋才可怕。@陌语情深

呢?"——NO,你这么说只能证明你愚蠢你没原则。恩怨可以用合法公开的办法来解决,不喜欢这个人,远离就是,谁伤害了他,他用法律维权便好,有必要睚眦必报翻脸无情吗?用所谓"你给我一尺我还你一丈"只能证明他不讲理,讲理的就该还一尺才对,难道不是吗?还一尺是否合理,还另当别论呢,有时双方都有责任,他把过错全推到对方身上,然后一意孤行地施行打击报复……这不是坑害他人又是什么。这种对别人毫无仁爱之心、一点亏也吃不得,甚至认为世界就该围着他转的人,谁结交他谁倒霉,因为他今天毫不手软地坑别人,明天就会毫不手软地坑你。别做梦你对他好、你永远不招惹他,他就不会对你那个样子了,他坑害的人何尝没跟他好过?推己及人的心一定要时常在,跟心眼儿不好的人一起混,迟早会被其祸害。所以当某顺发现一个人人品有问题,会立刻退避三舍,尽可能远离,惹不起总躲得起。

3. 当你还没有多少钱的时候,很多消费都不能满足,有限的资金必须用在刀刃上,这时候你的穿搭水平就决定了你是在省钱还是糟蹋钱了。某顺做女性魅力短训班一年半,就某顺看到的学员的改造和听过的那么多穿搭课以及断舍离掉的那么多衣服,都让某顺明白,穿搭学问无穷无尽不说,还随时间改变而不断改变,这门课我必须好好学,你们也是。为什么模特身上的裙子那么好看,到了你身上就显得很一

鱼粉妙评

恋爱结婚其实就一条,让自己舒服的愉悦的幸福的就抓住留住,让自己纠结的难受的痛苦的就请Ta滚蛋。@五月苶苶

般？因为你搭的上衣太莫名其妙。这是多数人花钱穿不出好看的原因。在你节衣缩食买了一件心仪已久的衣服后，你首先要考虑搭配问题，最基本的原则是上浅下深、上紧下松或上松下紧、避免大花（因为那是老年妇女的最爱）、尽量穿高跟鞋（因为你没有模特那么挺拔的好身材）、色彩上要协调而不能想当然……不会搭，你会把本来能长气质的衣服穿得像淘宝买家秀那样令人失望，更会让你觉得你这衣服买得不值，因为没出现卖家秀的气场和感觉。学习很重要，掌握穿搭知识能确保你不花冤枉钱、买回来的每件衣服都能让你的外在形象加分，不要再强调你的环境不能像模特那样穿，你看中的就是模特的整体造型，你怎么就不能和她一模一样地搭配呢？

4. 很多人做梦都想有贵人帮自己，但贵人在哪里他们并不知道，贵人出现了他们也识别不出，最后就是错过"揩贵人油"的良机。某顺做过不少人的贵人（这不是我厚颜无耻自夸自诩，这是你们中的有些人亲口说的），某顺还想做更多人的贵人，因为帮人也有瘾，真的，我特别满足于把一个人从要啥没啥改造成想啥有啥。世界本该是温暖的，在自己付出也不是很多的情况下，只不过顺手为之，就能令别人境遇好转，从此精神物质都丰裕起来，能做到这个我认为自己有价值、活着有意义。作为一个愿意帮人的"准贵人"（我还想有更大本事、能帮更多人、变成所有遇见我的人的真正贵人），某顺有自己帮

鱼粉妙评

生活中谁都有不如意之事，多数人自我消化了，一些人选择发出来寻求解决或吐槽泄压，那就得承受网络上的舆论，好的或坏的。@一骑红尘打马而过

人的原则：心眼不好的不帮、懒惰浮夸的不帮、贪得无厌的不帮、见风使舵的不帮、怨妇泼妇都不帮、脑子太笨的不帮、浑身负能量的不帮。某顺当然也有看走眼的时候，但都因某顺天生敏锐，能早早发现，都及时止损了，这些人后来不出意外地变成了丧尸骨干。所以你想遇见贵人并让贵人相助于你，你必须做一个善良本分厚道勤劳的人，不然你的贵人也会蜻蜓点水一样迅速离你八丈远。本可大大借光，结果因人品拙劣被贵人很快抛弃，是不是傻？所以，做好人太重要了，没有一个贵人愿意帮助坏人。

5. 关于孩子，某顺以为很多家长犯的错，不是没有很好地照顾孩子，而是不知道孩子也有属于他自己的不能被人为修改的命运轨迹。最常见的现象是盼子成龙，结果失望连连，于是乎家长从开头的步步紧逼，到后面的骂骂咧咧，再到最后的看都不看一眼的任其堕落；而孩子呢，从开头的苦苦挣扎，到后面的各种逃避，再到最后的破罐子破摔。终于两代人看到了都不想看到的结局：孩子成年后混在社会底层。家长归咎于孩子的不争气，孩子则怨恨家长的不尊重，两代的不融洽恐怕要用很多年来化解，直到孩子也经历了父母当初的心路，才能与父母握手言和，彼时父母已经不在乎他是什么阶层了，能给自己摔瓦罐送终就行。写到这里，某顺痛惜中国式家教的盲目，其实原本可以有另一种样子，比如认真挖掘孩子的爱好和特长，虽然孩子没长

> 鱼粉妙评
>
> 男人只对把他当成狗屎的女人死心塌地。@讲故事的Wendy

性，但基本喜好总是有的，利用他的喜好培养他，比强迫他考高分进名校要实惠得多。当今社会分工越来越精细，哪怕是喜欢烘焙的人都可能成为月入几万的名师，能够养家糊口不说还备受群众欢迎，你又为何非逼他成为世俗口中的主流精英呢？今天听到一案例，说某好孩子今年香港大学毕业后进了汇丰银行，管吃住之外还有几十万年薪，亲朋好友为此羡慕不已，某顺却要问："香港房价和生活成本你们知道吗？"是的，某顺真不以为这孩子就是成功的代表，当然他目前还一直顺利，可是我们没必要把进汇丰银行变成所有孩子的理想，社会需要各种专业的人才，连直播网红都有存在的价值，为什么要忽略其他行业的价值？成功的定义应该是这样的：有一技之长能养家糊口，积极乐观能不让亲友担心，一直在努力一直在进步，过着自我满足社会也认可的日子，这就行了，还要什么呢？

6. 对自己好，说着容易做着难。多数人的对自己好，只是"我要"的转换说法，但他要得了那么多吗，消化得了吗，又能不能如愿？这些他都不想，所以他的"对自己好"只是满足了贪婪的欲望，能不能实现对自己真好的目的，是个问号。比如北上广深还有其他一些热点城市的房子，某顺过去现在都买不起，如果我非以拥有这些城市的一套不断升值的大房子为人生目标，我就会为挣钱没白没黑没日没夜地操劳。可是你们已经看见了，某顺十来年都不轻松，工作量已然够大，

当媳妇的要明白，孩子是给自己生的，不是为婆婆生的，婆婆没义务给你带孩子，婆婆帮带，媳妇要心怀感恩，婆婆不带，也没啥可指责的。@给你唐吃的主公

如果再给自己加码，就算房子挣到了，我能享受几天真是很难说。所以我早就放弃了拼出这么一套房子的理想，始终蜗居在四线小城，过着没负担的日子，我内心也想要更多，只是我知道我要不起，干脆就不要了。刚才一妞说她表姐从发病到死亡只有八天，这表姐也是常年超负荷工作。不能让我们的后悔到了临别那一天才出现，所以适当地调整欲望，会让你活得更有快感，人生本来应该是奋斗中有小憩、劳作中有歇息的，哪能玩命，玩命还不如不做，玩命可不是对自己好。

7. 每个人都怕被人为难，因为本可能顺利麻溜地解决，只要有人从中作梗，事情就会变得磨人难过，耽误时间不说，还糟践了心情，添加了颓败感，如此，谁还能觉得自己幸福快乐。按说怕被为难是人之常情，既如此，人们都该懂得与人为善、助人为乐的重要性了吧？NO，有些人就做不到，他能做到的只是找着理由为难他人、想方设法给人添堵，以此寻找存在感，自认为能控制他人命运的自己好厉害。而一旦被人为难一次，他就哭爹喊妈到处申告控诉，仿佛他真是窦娥，冤屈死了。某顺还发现，这种人如果经历过被人为难后，会加倍地为难别人，仿佛报仇雪恨一样，却不管报复的对象是谁……说白了，还是心术不正，拿自己当世界中心不说，还当自己能欺负所有人。他们中的一些人因此成了某些恶性案件的被害者，原因也简单，他平时欺负老实人、为难正派人成了习惯，老实人不能把他咋样，正派人不想

鱼粉妙评

成熟的人拉黑你，表示：永不来往；情绪化的人拉黑你，表示：关你禁闭。
@一骑红尘打马而过

跟他计较，但欺负人为难人的习惯一旦形成，只会愈演愈烈。终有一天他会欺负为难到天不怕地不怕、比他还狠毒不讲理的野人头上，结果就可想而知了。所以坊间有话说，"死有余辜"，可惜他自己看不到，劈他的雷正在奔向他的路上，还继续与人添堵、继续以为难他人作乐呢。都请用平和温暖的笑脸拥抱众生吧，你会发现，你付出的远没有你得到的多，聪明人都乐此不疲，只有傻子还在继续与人为难。

8. 发财致富，是多数人的梦想，但怎么发财致富，多数人并不清楚，所以在寻找发财之路的时候，有些人迷茫混沌，有些人不择手段，前者属于没机会没开窍没渠道，后者属于没脸没皮没羞耻。某顺在长久的咨询工作和海量的案例中发现了一个现象，即没机会没开窍没渠道的，只是暂时状况不好，说不定哪天就云开雾散、贵人引路，一下子便机灵振奋能干起来；而没脸没皮没羞耻的，一般只会猖狂一时、得意半会儿、小赚一把就拉倒，究其原因，还是人品第一。你人品不好素质差，群众是有眼睛的，更是有分析判断能力的，群众不会长久地跟你这样一个人混的，因为群众害怕被你拐带到沟里去，群众还是需要正能量和正面人物的指引和影响，群众多数还是只想走正道。所以呀，永远别放弃对操守的追求，永远别忽视自己的素质，你的一举一动都会让别人分析你，并选择靠近或远离你。想妻妾成群，得先成为大户，想群众拥护，得先拥有品德，"德不配位"，就算没有灾殃，

鱼粉妙评

你的人生你做主。假如太过在意他人的言论，你的人生就成了裤衩，什么屁都得兜着。@素一夏（微博）

也会被老天拿走你拼命抢来的东西，这是必然的。某顺再一次重复：谁不愿意和好人长久相与呢？只有坏人才会被人们快快抛弃。

9. 过去每次我发布参汤，只要涉及人品素质的，立刻会有人认领不说，还从此更加恨我。请注意我用的是"更加"，这说明他之前就恨我。但某顺过去写参汤现在写大力丸，都是对事不对人，因为那些事并不孤立，恨我的人做过，其他人也做过，某顺总结出来，就是让没做过的人警醒，不要成为人品低下、没有信用的人，一个人如果不被群众信任了，那他就和风中的废纸片一样，不知会漂到哪个阴沟里后再彻底消失。哦，说到信任，今天有个妞要买空气净化器，我让她去天猫看价格，她说不用看，只信顺姐。这种表白我听过无数次，每次都让我更添责任和压力，因此我要倍加小心地做人，倍加小心地寻找性价比更好的货物给你们，就因为你们信我，我要对得起这信任。信任千金不换，因为信任是多少年积累出来的品性报告书，一旦扔了，前功尽弃，我不会拿我十多年辛苦换几张钞票，我没傻到那步数。我不希望你们本来取得了人家的信任，再因为自己不检点、不厚道，透支信用、糟践信任，导致最后所有能给你带来利润的人都离开了你，那就亏大了。人这一辈子，小心自爱如某顺都不停地被人坑，你若不小心不自爱，你的未来真是重霾之下了。

粉丝妙评

别人喜不喜欢你，和你赚多少钱什么工作真没啥关系。@萨瓦迪卡9099

10. 讲理，是一个人行走江湖的基本素质。江湖还是有约定俗成的一些规矩要守，一些方便多数人的、利益共享责任共担的潜规则要执行。理，即已被大多数人认同，讲理，说明你肯跟大多数人一起混；不讲理，说明你要做"逆贼""异类"了。当然，并非所有"逆贼""异类"都不讲理，有时确实有一小部分人先开窍，并远远走到了一群人的前面去，他会显得与社会格格不入，很难被众人接受，不过正读大力丸的你们绝不会有这风骨，因为小概率毕竟是小概率不说，你们也不具异禀和那么前卫高大的格局。某顺这里说的还是多数人都该恪守的处事标准：要讲理。某顺在长期咨询工作中发现，很多女人的不讲理已经到了令人啼笑皆非的地步，举例说明：她认为婆婆必须给她带孩子，理由是孩子是婆家的孙子；但她同时认为婆婆必须在她家给她带孩子，理由是她舍不得孩子。或认为婆婆在她家住太讨厌了，最好是不在她眼前还能给她出大力——你们自己看看，这是不是多数婆媳矛盾的源头？你们自己说说，如果你是婆婆，你会如此配合媳妇，这般做小伏低吗？此处的理是什么，婆娘们全忘了。首先，婆婆不欠你的，如果她肯帮你带孩子，那也是给她儿帮忙，不是给你帮忙，你不用感激，也不用觉得这是婆婆欠你的，必须还你。既然婆婆不是给你帮忙，你就靠边站，不要指手画脚各种苛求。哦，你坚持孩子是你的，你有说话权，这点没错，但你可以不叫婆婆带你孩子，你不能既希望人家带孩子的同时还要人家满足你的其他愿望，你是求人做事你知道

一个人对你好不好，不要看他开心的时候对你啥样，要看他不开心的时候对你啥样。@然后呢飞飞说没有然后了

吗，求人做事还有那么哪个哩个啷吗？换个人你试试，谁理你？此处你的不讲理众目昭彰，可你认识到了吗？如果婆婆是你妈，你弟媳妇用你的态度对你妈，你还会觉得你弟媳妇是好人吗？推己及人，是讲理的体现，你不肯讲理，你就不会推己及人；你不讲理，你就不会心平气和，最终你就是那个走哪儿都在挑剔别人、上哪儿都不受欢迎的人，家里、工作单位、朋友圈，都是。

鱼粉妙评

女人凑合和你过，要么图尔对她好，要么图你有钱给她花，两样都没有凭什么和你耗着？@木的麻麻

苦口顺心大力丸（二）

1. 忍不住就要流氓，是一群自以为拥有道德优势和拳脚能耐的人的特点。此处的拳脚能耐专指伤人没压力的那拨人，所谓光脚的是也。民间所说"光脚的不怕穿鞋的"，极有道理。光脚的为什么能什么也不怕，连信仰都能是假的？因为他们觉得委屈，他们想："生而为人，本该平等，一切物质名誉都该共享，但穿鞋的凭什么穿着鞋而我却光着脚？我不攻击他才怪。"看看光脚的这逻辑，不劳而获的目的如此明显。但光脚的永远不以为然，他们认为自己是在维护公平追求公理，他们绝不会操心穿的鞋子也是人家自己辛苦挣来的，没有抢夺他一分钱不说，甚至还可能一路上帮他不少。在光脚的打劫穿鞋的这一刻，最容易出现的也是最容易被旁观者接受的谬论是这样的：穿鞋的如果抵抗，那是穿鞋的以势欺人；穿鞋的如果忍耐，那是穿鞋的做贼心虚；穿鞋的如果因此沉沦，说明光脚的流氓要得很正义；穿鞋的如果一直缄声，则证明光脚的还需迎头痛击穿鞋的……然后的然后，就是你我看见的这世界了。没有道理可讲，只看谁的流氓功夫厉害。

鱼粉妙评

女人，家暴有一次就有无数次。等你离完婚，你会发现外面的风景无限好，女人。@玫瑰有刺56

2. 付出就要真心实意，否则你就不要付出，为什么要一边心里不爽一边还要笑容满面？真实做自己，与真实地给对方你想给的表情，这才是做人的诚恳。二十五年前某顺初到山东，年轻人一个，十分单纯，有老同事常邀我们几个光棍去他家吃饭，有次我就买着水果去了。那顿饭是家常便饭，很简单，但事后不久就听到传言，这位老同事说某顺："一点儿不客气，叫云可就真去了！"这件事让我明白：多数人的礼节热情都是装出来的，你千万不能当真，你当真你就成了人家眼里的傻瓜。这件事同样给我教训：永远不说违心话，我不想做的事，我绝不会逼迫自己去迎合人家，言行必须一致，里外必须一致。你可能觉得话说好听点，能替你形象加分，你可能认为花小钱买个人情，能帮你团结群众。但如果你不是真心实意地用温暖对人，如果你不是真心实意地付出，效果会适得其反。因为你转头就会说对方的坏话，而对方也很快感觉被你蒙蔽了双眼，最后你的虚情假意就出名了……如此，还不如起初就做个简单直白、善恶分明的人。

3. 看人脸色说话是成年人必须掌握的技能。作为普通人，你永远没有你想象的重要，所以该闭嘴的时候一定要学会闭嘴，不要为了达到目的就喋喋不休，以至于惹怒对方、让你的目的再也无法实现。很多人不懂这一点，总以为'我多表达一下就会感化他"或"我多逼他

鱼粉妙评

想要温柔、英俊、多金、体贴的王子，也要先照照镜子看看自己是不是住在城堡里的公主！ @MoeMoe 喵酱

几次他就妥协了"以及"他可能没看见,我多说几次他就看见了"——亲,我以一个经常被人"不情之请"和各种叨扰的角色,十分严肃地告诉你:没人瞎没人聋,如果你说一遍对方不回应,那你就歇歇吧闭嘴吧,对方不是没看见听见你的絮叨,而是根本不想理你。不理你的原因也简单:多数是你的说辞不合对方的逻辑思维,而对方又不想跟你有争议,就以沉默不语对付你(此时你千万别以为是你有理你都说得对方无言以对了,所以就更加喋喋不休咄咄逼人……这样的你离被他拉黑只是眨眼工夫);少数情况下对方的沉默不语是因为还没有完全解决你说的问题,他想等解决后直接给你答案就好,他不想中途跟你废什么话(追求效率的人都会这么做)。所以,不论是人家不理你还是没空理你,都不要没完没了、反复强调,能解决你的问题人家一定会给你消息,不能解决你说再多也没用。请相信,每一个事业成功的人都非常珍惜分秒时间,你用不停打扰来耽误他做事,他只会把你拉到"贱人"名单里。

4. 负能量这个词已经家喻户晓,但负能量人有哪些特征你或许还不清楚,某顺替你总结了:悲观丧气,永远只看见和扩大消极面(这种人真是能把好日子过坏了,态度不对,怎么可能有好的心情,没好心情怎么能感觉得到幸福,感觉不到幸福又怎么能善待他人,无法善待他人又怎么可能被他人支持……结果就是越过越孤寡,这种凄惨是

鱼粉妙评

女人的身价,不是看你有没有膜,而是看你美不美,有没有钱,当然又美又有膜的,价更高。不过最后取胜的,还是脑瓜子。@白衣衬衫的偏爱

自找的）；懒惰矫情，永远不想靠自己打天下，还永远都嫌别人对他不够客气（这种人根本不懂"要想人前显贵，必得人后受苦"，他一无所成还想别人的抬举，别人不肯给他面子就骂人家祖宗三代，他要啥没啥还嫌别人不尊重他，人家随便说句啥他都要对号入座并怀恨在心……结果是但凡好人都避他不及，他最终格调低成渣还嫌世界不公平，这种人的反社会人格非常突出）；还有一种人的负能量表现为永远觉得自己委屈，时刻都认为别人欺负他，所以他时刻要倾诉、时刻要申讨、时刻要诅咒、时刻不讲道理只谈他的感觉……（只能说这种人得到的爱太少，以至于他已经不相信人间还有爱了，他更不相信他多数时候都没资格让人家欺负，因为他以为的敌人根本就看不见他，他的自卑已深入骨髓、他的自负已破天荒，他不知道是他自己把阳光全遮蔽了）。作为正常人，我们发现了负能量爆棚的这些人，就该主动退避三舍了，因为负能量的传染性非常强，你不远离他，他就会把你变成和他一样的人，最后你的世界也将失去阳光、快乐和一切美好的感受。

5. 某顺经常被问"成功的秘诀"，某顺每次都只有一个答案：**不计报酬、不问结果、埋头苦干、坚持到没人坚持的时候。**但很多人听了这答案都受不了，他们认为：按劳取酬是必须的，凭什么不问报酬？不问结果怎么行，要是走偏了怎么办？他们倒是同意埋头苦干但他们

|鱼粉|
|妙评|

揣着明白装糊涂，这确实是一种境界。@步非烟2011

做不到埋头苦干，因为太辛苦，更何况还要坚持到别人都不再坚持的时候，他们认为那样只能说明自己愚笨傻和不开窍。毋庸置疑，这个世界的聪明人是很占便宜的，做聪明人代表着不吃亏，还有可能少劳多食。但某顺见过的所有的成功，都有多于旁人数倍甚至数十倍的付出，某顺没见到一个仅靠手段心机就能长盛不衰的人，十年磨一剑都是小意思，很多人几十年勤奋才拥有了晚年的万贯家财和显赫声名。因此，如果你觉得现在的你很苦，说明你的收获季还没到，你只能继续耕耘继续苦；如果你认为与其这么苦还不如再不想富贵，就凑合着温饱便罢，也不用再累着自己。嗯，这想法不错，但这想法不适合在中国生存，你应该移民去欧洲，去生活压力低的环境……只是你的移民钱挣出来没有啊？活着是辛苦，尤其是一直向上走的活法，但想想隔壁老王都比你吃得好穿得好，为了克制你那时刻想捅老王几刀的人性弱点，你是不是还得继续辛苦。的确，努力未必能使你过上好日子，但不努力只会使你的日子越来越糟。

6. 经常有人问某顺是怎么坚持过来的。因为人们做事总遇阻力，就每每觉得某顺了不起，怎么才能像某顺一样百折不挠呢，人们好奇。呵呵，这事说来复杂，其实简单，某顺只是个一门心思做事的人，我的眼里没有雾霾、没有情事、没有不平，只有工作、自己的工作，所以两耳不闻窗外事的某顺就坚持下来了。而且，我做事不考虑别人怎

鱼妙 粉评

我的新生活不一定是有了别人，而是从此没了你……@Msss_L

么看，我问心无愧、我尽力尽心，就不管有没有结果了或结果是什么样的。当然，有结果更好，没结果就是经验教训，这也是弥足珍贵的收获，所以某顺心里就没有白做的事，凡做了就有结果，无非是有的结果你们看不上（因为没物化），但某顺看得上呀。尔们什么时候也能相信天下没白做的事，尔们的坚持就容易多了。简而言之，算计，不能以物质为唯一目标。另外，你们认为难以坚持还源自各方阻力太多，关于这一点某顺都说了好多遍了：向前看，不要左顾右盼，自顾前行，不要东问西问。因为你多数情况下咨询的人，都是没经历过你这事的人，他们既没有经验，你也难以确定他们一定有见识，那么问他们又能使你得到什么？请教，必须是请教行家里手，必须请教具有高瞻远瞩能力的人，你以为你圈子里有几个这样的人呢？所以，瞎请教、瞎打听，也是你们碌碌无为的原因之一，你们的激情总被雨打风吹，总在被动泄气，当然啥也不想干了。记住三点：**一、做自己的事，让别人说去；二、选准目标，先别算计能挣多少钱；三、坚持到别人都不再坚持的时候，你的春天就来了。**

7. 以前某顺认为：人，生来平等，有一样的劣根，也有一样的弱点。经过这十数年的站在亮处任由他人泼粪参观的生涯，某顺深刻地发现，人是不一样的，虽然人性相通，但确实有高洁自律的人能控制人性中的恶念，把自己变成了真正高人一等的人。贵族是有的，他们

|鱼粉|
|妙评|

漂亮的女人一般都有很多备胎，她们内心深处永远知道要给自己留一条后路。长得一般的女人没有备胎，所以会掏心掏肺地对一个爱她的男人好，因为她知道这来之不易。@风为诓飘逸_

不是经济上占了优势，而是人品素质的绝对胜出，单是有钱，还不配称贵族，顶多能叫富人。贵族让一般人望而生畏，因为一般人根本不去想自己管住自己这事，一般人只想管住别人而自己必须例外。常说"占据道德制高点"的都是一般人，**贵族从来不会要求别人做到什么，他只是努力让他自己变得更好、好上加好、好到让人仰望**。当然，关于这个"好"，贵族和一般人也有不同认识，贵族追求真善美，摒弃假恶丑，一般人追求"别人都给我让道，如果有跑到我前面的，那就必须灭掉他"。某顺不敢想自己什么时候才能成为贵族，但一直在追求贵族的人格。我的体会就是：只朝前走、只向高处亮处去，不看两边、不管身后、不拉帮结派、不研究同行，做一个思想行为都独立的人。被人褒贬，某顺也曾在意，现在想通了，人民币都有嫌弃的，何况我乎。你们也该如此，不用再想不通，不用再絮叨，论吃到的冤和气，你们没有比某顺多的，我都能忍了，你们也该忍了，因为忍是继续生活，不忍也是继续生活。面对流言蜚语，你忍与不忍的最大区别是，忍更靠近贵族。

8. 某顺不是一个好商人，做微商以来（从培训班到微信课到零售各种商品），我一直在犯的同一个错误是，过于信任合作者的人品。虽然我知道有些人不配得到我的信任，但出于一心想感化对方、想影响对方的初衷，我还是努力给合作者机会，直到他们自己为蝇头小利

人力不能改变的事就是天意，要在接受现实的基础上做好各种安排。@曾经帅呆过

背弃我的信任，最终和我分道扬镳不说，还在外面造谣污蔑我。我不是没有因此遗憾过，可以说我经常遗憾，但我为什么还是愿意给一些人机会呢？说来简单，我愿意把人们往美好、厚道里想象，尽管我知道十之八九的人心并不美好，还很叵测。我还知道，像我这样不把别人预设为坏人来提防的，在这个世上已然太少，如果人人都毫无诚意、充满算计、各种防备，人间可真是太冰凉了，我愿意用自己的貌似傻和不防备，来换取人间一点点的温暖，万一合作者特别厚道仁义呢，你说是吧？现在问题就又回到了诚信上：作为商人也罢、社会自然人也罢，你为什么就不能让别人一直信任你呢？你就那么不爱惜自己的名声和未来吗？切记，微商时代，信誉最重要，善良很珍贵，厚道更必须。

9. 温州有个传统，人人都要学一门手艺，或理发或缝纫或泥瓦匠或模具工或其他行当，反正不论学什么，是人都得学一样且要学到能凭此谋食的水平。此传统非常好，所以温州人普遍富裕，因为他们有一技傍身，就能够在不担心温饱的情况下，勇敢突破创新、各种挖金尝试。某顺也一直在强调"手艺"的重要性，可惜现代社会有太多看似更便捷的致富机会，让很多人忽略了基本技能的培养，这才导致大家都一窝蜂地走同一根浮木桥——没错，都不是独木桥了。独木桥虽窄但还稳呢，现实中的很多所谓致富信息就是浮木桥，看着绚烂实则

> 鱼粉妙评
>
> 特别不能理解不离婚的理由是怕被别人笑话。自己过自己的日子，别人不能替你生活。@咖啡馆里的白牡丹

风险重重,你得有多好的轻功与平衡能力才能安然踩过浮木桥?都自己想想吧——考学是,考公务员是,炒房投资是,下海做生意是,做微商代理更是。每个人都想拥有啥也不缺的好日子,这理想并不过分,只是追求理想时不要忘了戴上保险套,即先学一门手艺做万不得已的最后倚靠。有了手艺,你任何时候都不会走投无路。手艺更是你危难时刻的救生圈,能使你绝处逢生,更能使你一帆风顺;即便现在或将来你从事的行当都并非你的手艺,但有门手艺也不多余,因为你退无可退时还能捡起老本行,立刻温饱自顾不求人,这才是真正的体面人,能伸能屈、能文能武,任何时候都能靠自己重新站起来。话说某顺也是有手艺的人,某顺就算蜗居在深山老林里,只要有网络,也能靠码字谋生,即便苦一点,好歹不会饿死。现在说说你的手艺是什么,不要告诉我你只有一张嘴。

10. 人生有很多岔道口,你上了这条路,就远离了那条路,很难说哪条路能更顺畅,因为你没法比较;即便别人走了你没走的那条路是一路顺风和凯歌高奏的,但是换你来走同一条路,未必能有同样的收成,原因无他,性格决定命运,你一点点小差池,都可能竹篮打水一场空,成语"失之毫厘,谬以千里"就是这意思。命运没法复制,所以你不用看着别人风生水起就坐不住了,就要跟着人家走,还是得先问问自己,走这条路的条件自己是否都拥有,更得清楚走哪条路有

改变自己比改变别人容易得多,也不能把自己的幸福寄托于别人顺从你的心意。@曾经帅呆过

可能成功，还要看自己有没有那命，所谓"命里有时终须有，命里无时莫强求"也。而且，不管走哪条路，你都别指望轻松容易。某顺奔五了还在努力，可见世俗眼里的成功是有多么艰难。人家说"活到老学到老"，某顺说"活到老努力到老"，因为你一旦放弃努力，你会发现你像漩涡中的小树叶，很快就被卷到水流深处去再也不能露头，跟努力奋争在水面相比，沉没在水底才是你真正难以接受的。

鱼粉妙评

　　领导和你只是利益关系，干吗老讨他喜欢？你把工作做得无可挑剔，其他爱咋咋地，包括领导炒你鱿鱼。@沽酒向梅边

苦口顺心大力丸（三）

1. 某顺昨晚在 YY 语音课上讲"操守"，会员们一起描绘了人间很多种没节操的表现，显然人们对丑恶的事情有共鸣。但是，为什么能引起人神共愤的那些假恶丑，还往往出自普通人中？只能说惩戒没跟上，坏人做了坏事，没人能揭穿并阻止，久而久之，坏人得寸进尺，好人也因失望于"做好人会吃亏"的现实，而慢慢与坏人同流合污。就像这重雾霾天，起初 PM 破 250 时我们惊呼，现在 PM 破 800 了我们也不吃惊了，因为大家知道 800 也不是最坏的时候，如此的宽广胸怀和接受能力，虽是被动地接纳雾霾，情有可原，但事实是人们已然接纳了雾霾——坏人也是这样一点点夺去我们的节操的。昨晚某顺在语音课上说，即便人人都知道现在坏人坏事很多，我依然要告知并做榜样给大家：这个世界有好人，有永远不放弃节操的人，做好人的待遇更好，好人才有光辉灿烂的明天。因为，如果不如此坚持正能量，只一味强调和接受负能量，那我们还如何喘息、还如何坚持做好人？对待大气环境，我们既要清楚雾霾地区有多大，更要知道没雾霾的地

鱼粉妙评

我认为一般说自己脾气太坏控制不住的人都是太过任性、太过自我、太过自私，将自己的感受无限制放大。@念安娜 RR

方在哪里,要及时弃霾投晴;同理,对待社会环境,我们既要明了人性有多恶,更要知道人群中还有很多人在坚持着美好的心灵,我们要把坏人标出来,能歼灭就歼灭,不能歼灭就远离。

2. 才华和道德品质,孰重?某顺以为是后者,因为道德品质低下,拥有才华也只能害人更狠、遗祸更重。当然,对社会自然人来说,有才华很重要,能使你获得社会地位、经济效益和群众欢迎,但群众更需要无毒无公害的才华拥有者。古往今来有多少大奸大恶不都是才华横溢的?坊间甚至有"自古奸臣多才华"的说法,你能因为他们的才华就忽略他们造的孽吗?当然,奸佞之徒也不会心甘情愿就承认自己是小人。只是,我们与小人的距离远近,确定了我们与小人的近似程度,所以历史上才有了割席的管宁。照某些人的逻辑说,华歆又没坑害过管宁,甚至与管宁一直交好,管宁何必介意华歆藏起的金子,那金子又不是管宁的?至于第二件事,来了平时少见的官员,草民能凑近拜谒一下也是机会啊,何况这事又没伤害到管宁,管宁何必要翻脸割席?你可能觉得管宁是小题大做,某顺却不以为然,管宁无非想远离市侩小人而已。还是那句话,才华横溢必须匹配德高望重,没有人品,你即便有才华,也很快会被人们抛弃,因为有才华的人断断不会就你一个,人们完全可能在抛弃你之前就找到了品学兼优的新才俊。

鱼粉妙评

女人经常发脾气会得癌症,而且你发脾气时,面目狰狞的样子真的很丑陋很恐怖。@胡小喵爱芝士

3. 当下社会人们热衷于寻找机会，但机会来了能否把握得住，甚至能否识别机会，这都是问题。某顺说说自己的经历吧，你们就知道与机会错肩而去的结果会是什么。11年前，我的博客已经写得很热闹了，有了初期的一批粉丝，我也靠博客走上了自由撰稿人之路。当时我要换博客，新浪邀请我，我嫌新浪博客太八卦，理都没理，去了搜狐（现在搜狐博客只能做仓库了），这是我第一次与机会说拜拜，如果当时去了新浪，我肯定比在搜狐要火多了（新浪人多啊），而火对写手来说，就是钱。大概8年前（2009年）新浪微博刚上线时，新浪又找我，我认为140字能写啥？碎片会割裂我的思想观点，我不喜欢，所以也没理人家，半年后新浪微博大火并促生了一大帮网红时，我才觉得我也应该有个微博，结果我去的时候黄花菜都凉透了，市场早让别人占满，所以我至今只有不到40万的粉丝，也至今没能靠新浪挣上钱。大概3年半以前，某同行提醒我搞个公众号，我因为懒得注册，没当回事，后来微信独霸天下，大公众号都挣钱了，某顺才搞了"非常顺"，结果你们看到了，我一篇文章几千流量，人家一篇文章几万流量，几千流量还想做广告卖东西吗？可以说这三步慢，我就慢了12年前一同起步的同行三千里，如今人家在一线城市住别墅开豪车、有公司有生意，某顺在四线小城住家属楼、当打包工……所以我对同行从不嫉恨，我觉得他们都比我脑子灵活、敢于创新。本该有更好的收成，而我的保守顽固和胆小怕事，都确定了我只配继续做小市民。从

鱼粉妙评

一个能独立过一辈子的人，是有着非常优秀人格的人。人因为有缺陷所以才群居，没有缺陷反而不会有伴侣。@滕骏祥和会馆

某顺的案例看,保守主义是坑人的,故步自封也是没前途的,所以某顺要给你们一个真心忠告 不要随便放弃与人合作的机会,尤其是那些貌似还没壮大的平台与合作者,你今天狗眼看人低,不与他合作,明天他风生水起时,你想跟他合作,他也不睬你了。总之别学某顺,某顺已老,某顺也不是有理想的人,所以某顺对错失的那些机会并没多少遗憾,但你们不同,你们还需发展壮大,你们还得把握住机会,谨小慎微或鼠目寸光,都是不利于你们未来的。

4. 今天和美学老师杨老师谈到野路子的问题,意犹未尽,这里再说几句。所谓野路子,是指非正规、无师承的路径。野路子不等于没水平,相反,所有的正路在形成之初都是野路子,所以野路子走出成绩了即自成一派,名噪天下时自然也会收徒传道,久而久之这一派也成江湖上有来头的正路了。不过,被称为野路子的,往往心有不甘,因为社会从古至今都是功利的,都是看成绩单说话的。按理说,有市场就说明群众需要,群众需要就说明野路子非但不野,还是真正的正道正路(这是正在走野路子但成绩还不够斐然的人的想法,不代表目下学院派和师承派的人的想法,也不代表野路子已然走到西天,转身化佛后的前世野路党的想法)。说来说去就是:野路子一旦夺了天下,便是新的正路之鼻祖。对个人发展来说,有师承和正规学历当然好,至少起步时是踩在师傅肩膀上的,省力多了,但,若你是个能创新又

> 鱼妙粉评
>
> 父母从小对孩子有太多控制,孩子的内心有许多愤怒和反抗没有发泄出来,长大以后排斥父母是在释放自己一直被压抑的攻击力。@知心琥珀

有思想的人，即便坚持走野路子也无妨，不过是自己多吃点苦、翅膀练得更有力，终有一日你突破了环境制约，你的野路子就会因为别致和自由、群众需要和实用价值而让你受益匪浅，也让你门徒无限，彼时你就自然"野转正"啦。哦，某顺就是走野路子的，某顺貌似还得继续野几十年，因为成绩不够好啊。

5. 某顺曾经写过一段关于格局的参汤，主要意思就是，人无格局，肯定成不了大器。今天某顺又想起了"格局"这个词，感觉有必要再深入探索一番。为什么格局会束缚人的发展呢，因为，格局首先是"视力有限"。如果一个人只能看见眼前一米远的蝇头小惠，而缺乏高瞻远瞩的能力，他就不知道远处还有喜人的肥硕回报。生活中因为"主观近视"而丧失机会的人，从来多多，说来只能是一句话"你眼瞎能怪谁"（我用"主观近视"，说明他的瞎，在心不在眼）。所以，格局又是"心胸狭窄"的代名词，一个人一旦心胸狭窄，他会时时刻刻把他的小自私体现到淋漓尽致不说，还会不管对谁都认为他自己已然够宽厚而对方始终对不起他，最终与之相处的人都烦不胜烦，也被他的小气吝啬逼到退无可退的地步，合作或相伴只能瓦解。想想吧，本来就目光短浅，再加上过于算计，靠自己没能耐，靠朋友又没朋友，这样一个人怎么可能有远大前途？由此可见格局的重要性。对，格局确切说就是，眼不瞎、心够宽。做不到这个，你就一个人自摸到老吧。

|鱼粉|
|妙评|

听人劝，吃饱饭。有些事情你现在当局者迷，等你过了几年再回头看，就会发现你爸妈说得对。@朝鲜面爱爱

想烙多大的馍，必得有个多大的锅。有些人心比天高，却不看自己所处位置，也不管未来形势，那他的大馍只能是在梦里画了。另外，某顺也觉得，格局和智商有关，智商太低，也无从谈格局。

6. 昨天某丹的事又刷屏了。我看微博朋友圈出现了几种言论：一是某丹都出轨了谁还敢相信爱情；二是女人要和男人一起进步；三是女方（指某芳）当下各方面弱势，只能选择原谅。关于第一种言论，我只想说，你是不是傻，难道某丹长得像道德楷模吗？相反，他的面相如果让相师评，肯定是克操分很低的那种。如果你认为多少年恋爱长跑就是真爱无敌的话，那你的智商真是让某顺没话说了。很多人在一起多年，早就没了爱情，结婚了，或坚决不分手，只是因为他们习惯了在一起而已，分开的成本如果很高，他们都会长跑很多年，否即便互相早已不碰对方身体了，也手牵手拜堂成亲或白头偕老的。关于第二种言论，我看有人提某芳婚后不如男人事业蓬勃发达，导致夫妻二人距离越来越远，最终让男人看不上了，又追逐更配得上他的女人去了。这种说法搁在别处还有一点道理，但放在她俩身上是站不住脚的。女人婚后是会因为顾家而走到男人身后，只是在男人身后，未必就代表事业已然停滞不前了，女人自己就不求上进了，你不过是不了解某芳现在做什么而已。关于第三种言论，我要告诉你们，原谅出轨男，是多数被出轨妇女的选择，因为当妇女们知道换个男人也一个样时，

> 鱼粉妙评
>
> 一个女人活好自己，婚姻和孩子都不是必需品。@闹闹Babe

原谅不原谅又有什么区别，尤其是这种风口浪尖，难道某芳表态立刻离婚，各位才觉得她靠谱？某芳孕期甚至婚前未必不知道某丹不老实，但还是坚持结婚坚持生娃，想来除了离不开某丹，也有对男人出轨本性的了解吧。所以吃瓜群众不要因此义愤填膺或悲哀绝望了，这只是常见的国产婚姻之一，他们也是人而已。当然，尽管某顺早已猜到某芳原谅的结局，但还是替她惋惜，她没必要这么配合某丹的表演和群众的期望，她完全可以此时立刻高调离婚的，因为只有现在离婚，才能让某丹在舆论之下放弃大多数财产啊，往后可就难说了。跟一个让自己丢尽脸的男人还有啥可过的，某丹又不是克林顿，原谅了他又不能使某芳前途无量，没必要这么屈辱。要知道，某丹不是解决老婆孕期性饥渴问题，就目前所爆情况看，他是出轨惯犯，惯犯哪能原谅，惯犯更难相处。

7. 某顺在双十一晚上 12 点过了才睡，不是要看你们抢购，而是看了个电影，听了一节语音课（听课的同时手没闲着，删掉了 200 伪粉），如果不为电影，我 10 点半前准睡着了。睡前看朋友圈都是无法交易，睡醒看朋友圈都是晒单，连我妹妹都半夜 3 点多抢了个净水器还说不知道便宜了没。你们都很有趣，你们可以在不确定真便宜假便宜的情况下就抢购，马云应该喊你们亲祖宗。一个简单的逻辑要跟你们说说：当你知道马上就会有一大波见啥买啥的疯狂买家出现，你是

鱼粉妙评

年轻时，失个恋不矫情个一年半载，就觉得自己好像不是正常人。其实这根本不是个事，赶紧找个身边的绩优或潜力股吧。@陶鹏TT

调高价签，还是降低价签呢？我肯定先调高一倍，然后再写个"双十一拦腰斩"。当然不排除少量品种真降价了，但那是诱饵懂吗，那叫诱敌深入懂吗？"十里南京路，买的没有卖的精"，说不挣钱的，都是少挣一点而已，但谁也不会说他挣了你好多钱，挣再多也不会告诉你。好吧，说到这里我又要替你们的操守发愁了，抢购的是你们，无理由退货的也将是你们，这样不好，浪费人力物力财力，实现不了你们节约闹革命的目的，且是折腾卖家和物流的做法，与你们高大上的形象不切合。

8. 今天某顺民调你们："想过什么样的日子。"答案里好多说"财务自由"的。什么叫财务自由？自己的收入自己管理、挣钱有力花钱轻松，算不算财务自由？不是非要过上富裕到让绝大多数人民群众都够不上的日子才叫财务自由吧？如果按理财专家所说，3000万才够中产的话，某顺也是离中产还有老大一截的距离，估计5年10年都变不成中产。我今天认真心算了300秒，最后得出结论：照目前物价的上涨幅度和人民币的贬值速度，我恐怕得下辈子才能变成中产了。可即便如此，我也没觉得自己财务不自由啊。你学我，不去北上广深和所有房价超过1万的地方买房，不就立马实现了财务自由吗？只要没有买房压力，家人身体健康，欲望不要贪得无厌，很多人现在都是财务自由的呀。一哥们说他还要再奋斗5-10年，因为他一朋友有五亩地的院

鱼粉妙评

无论富裕的还是贫穷的，无论来自看似圆满的还是残破的家庭，哪个生命个体成长二三十年不是磕磕碰碰跌跌撞撞的。年龄不小了，自己心里的洞要自己努力去填。@林曼妙

子，羡慕死他了——但他现在就有几百平的别墅和200平的院子，他那别墅我现在就买不起，我也没觉得我财务不自由，反倒是他认为自己还没实现财务自由，这不是贪得无厌又是什么啊。因此，不要把生活目标设置得那么高不可攀，不要让自己就惦记着人上人的日子，你可以大众点、可以平民点，住高层公寓也可、养两盆花就得，别妄想做土财豪绅，那你的日子还是好过的，也不用继续负重前行了。嗯，今天这段话也是说给某顺自己的，我是时刻有奋斗的力气，也时刻有安逸的决心，我坚持躺着挣钱、站着花钱，绝不能站着挣钱、躺着花钱。

9. 经常有妞咨询某顺关于男人的问题，最后一句都是："他爱我吗？"说实话，这话真是不能再蠢了，他爱不爱你，难道作为当事人的你都不知道吗？能问出这句话，证明你心知肚明他不爱你，怪就怪在你为什么要明知故问。你是有多不自信和多自卑，才能问出这句话呢。你一边不相信自己的直觉感觉和各种觉悟，一边又特别想让某顺糊弄你，希望某顺说"男人就是粗枝大条的"或"他用他的方式来爱你"，但某顺是不会让你继续蠢下去的。某顺说过很多次，请把男人当人看，当和你一样的人。你想想你爱一个人时你会有什么表现？是不是找各种机会和他在一起，愿意送他礼物，和他做爱特别兴奋？男人是人，也和你一样有人的表现，他爱你，他就找各种机会和你在一起，他会送你各种他给得起的礼物不管你是否需要，他会不停地要

鱼粉妙评

决定生孩子的时候就要准备好，对方半途变卦，不要孩子或者出轨有应对的策略。如果只靠道德约束或者认为是弱者而要求对方该怎么样，那还是慎重生孩子。@鸟叔操盘铁粉-fener：

你……你可能要说了，他以前是这样的，但现在不是。好吧，他以前爱你，但现在不爱你了，如此而已。当他开始"我忙"的时候，当他没时间和你约会的时候，当他充耳不闻你想要什么东西的时候，当他和你上床的时间越来越短甚至以累拒绝你的时候，你就应该百分之一千地确定"他不爱我"了。理论上人们都必须离开不爱自己的人，因为剃头挑子——一头热的感情是委屈的，也是不公允的，他不爱你，他就不会尊重你、爱惜你、给你想要的情生活性生活，这样的男人留着也是占着茅坑不拉屎，还不如踹了。但，如果你对他还有其他方面的需求，比如还指望他吃饭，或你自己就离不开他，那就忍着他的不爱你吧，也别四处问他爱不爱你了，忒丢人。总之，当你怀疑他不爱你的时候，他指定是不爱你的，之所以他还没有离开你，也是因为他还没寻好让他特别满意的下家，暂且就和你拖延着。

10. 所有的分手都是情分到了尽头，所有的离弃都是不再有兴趣，不管是男女关系，还是朋友关系，都一样。有的人分道扬镳了，不甘心，觉得交往中自己吃亏了，没从对方那里得到自己想要的，就生了报复之意，要么死缠烂打，要么暗中坑害。总之，不认同"分手就是两不相干"的，都会在分手后各种丑陋表演，我案例里有很多这样的人，不要自己的脸，也不忌惮踩踏对方的脸，内心是青面獠牙，表面装无辜单纯，最终使分手变成了互撕，双方两败俱伤，从前的恩情都

鱼	粉
妙	评

分手是一票否决，他不需要你的同意。你所说的对你好就是他还肯与你上床吧，那是他在没找到新的以前先凑合着用。@沙漠中的城堡

成了不愿回顾的幼稚经历。其实没必要这样反目成仇，合不来、走不下去了，那就一别两欢，从此做个不认识的陌路人到底有多难呢，何必一点旧情旧恩都不念地立刻翻脸，难道非得多个势不两立的仇人才舒服？与其如此，何必当初巴巴地凑近人家，非要与人家相好。关系不好了、感情破裂了，就学管宁割席吧，再不来往即可。无意中听到对方消息都不评论、不传播，不小心路上再遇见都当不认识，转身扭头走人，这才是真正的分手，岂能人家不要你了，就四处控诉人家有多么对不起你；更不能你不要人家了，就满世界嚷嚷人家有多 low，他再 low 也是你当初看上的人，诋毁旧爱就是打自己的嘴，你懂吗？

鱼粉妙评

真心不喜欢什么都怪父母的人，什么都是原生家庭的错，谁生下来有选择啊，人活着要不断地自我反省自我成长。@萨瓦迪卡 9099

苦口顺心大力丸（四）

1. "我为什么不招人待见？"经常有人这么问某顺，某顺很理解咨询者的闹心，因为"怎么做都不招人待见"的待遇，很多年轻人都有过，当然一些上了岁数的人也会经常体察。但，不被人待见，一般都发生在自己没有眼力见的时候，由于头脑浑浊，由于心胸狭隘，由于眼光短浅，由于不懂人性，由于自私任性，都可能让自己做尽愚蠢之事，还怪人家不厚待自己。所以，想改变际遇，得先改变态度和观念，当你成为一个正派厚道的人，当你开始为他人着想了，当你有了正确的价值观和判断是非的能力的时候，你就会发现你挺受群众欢迎、也挺招人待见的。举例：常有职场中人抱怨"同事狡诈、领导愚蠢、自己受欺"，每见此怨言，某顺真是替 Ta 羞愧，工作上你不是最不可或缺的，态度上你是最任劳不任怨的，换我是你领导，也不想重用你这样的刺头啊，给你一碗饭吃都不错了，你还想咋地，有种赶紧滚。职场中更不少见另一种人，纯是非精一个，没事也要撺掇出事来，在领导和同事之间、同事和同事之间制造各种矛盾，然后以"大明

鱼粉妙评

有的人还是看不清自己的本质，自己明明是屌丝还偏爱女神，长相一般啥都一般的女人还希望嫁高富帅，除了努力让自己变优秀，其他的都是瞎扯淡。
@Cathy_ 嘟嘟

白""大能人"形象出面调停他一手制造出来的是非纠纷……这种人不少见吧？这种人又有谁能待见他呢？在大家了解他的为人之后。所以，你想被人待见，还要管住嘴，更要坚持做善良有原则的人，你对他人的任何怀揣恶意的语言行为，早晚都会被群众发现。好人是装不出来的，坏人也藏不了一生一世，你的不良居心一旦被人洞悉，以后你就没法让人再信任你了。最后，我要强调重点：想让人待见你，做好人是必须的，做一个长脑子的好人更必须。

2. 这两天发生的两件事，又让某顺想起"格局"一词。事情一：某顺陪朋友在某城看房，去之前中介把房子夸得天花乱坠，到了现场，不仅面积是连院子都算在内的（之前说的相反），而且连院子也不够480平，房主还坐地起价，现场又涨20万。大概中介和房主都认为我朋友是必买无疑吧，结果我朋友转身走人，去了另一处，不到半小时拍板签单付款了。此事说明，人无格局就分不清东南西北，本来可以三赢的事，因为鸡贼心理作祟，生意没做成，中介、房主一毛钱都挣不上了。要知道大面积二手房一向难出，碰到有意向的买主，必须表现出十分的诚意来，否则谁会当你的接盘侠？中介和房主连这个都拎不清，还做什么生意？事情二：昨晚有鱼粉给推荐了个生产儿童智能用品的厂家，某顺对他的货有点兴趣，要他寄个样品看看，他问我要150元。看官你没想错，这东西给我的价格是150元，定价190

鱼粉妙评

为了孩子不离婚这是世界上最烂最无耻也最狠毒的理由。@沽酒向梅边元，也就是说，他要我先买他一个样品。某顺当时就内心一万匹枣红马狂奔了，一字不发地直接删了他。一个生产企业，给下线销售连一个150元的样品都送不起，那还合作什么？谁敢信任连样品都送不起的人能有实力？你没实力谁还信你开发得出高端产品？谁还会跟你合作？而且你别忘了，你还在四处求人宣传的推广期间，而非家喻户晓供不应求的畅销阶段。到底是眼睛小到了针鼻大？还是脑子有问题呢？格局逼仄的人，一定成不了大器，做任何生意都如此。

3. 多年前有个叫姜岩的上海女子，是因为男人不要她了，跳楼了，当时微博为此闹腾了好一阵子。你不跟我走下去，我就死给你看，这种殉爱的方式太极端，无非是一叶障目，以为自己这辈子都不会有爱情了。但怎么可能呢，这个男人走了，那个男人就来了，不然世上女人有一多半会跳楼死。试问有几个女人从没失恋过？谁没有抛弃过他人，谁又没有被人抛弃过？如果一方要分手，另一方就要以死相逼，那谁还敢跟人认真相处？不论主动被动分手，都只有一个原因：至少一方不爱了。如果我们尊重爱情，本该没爱了就分手，难道不是吗？口口声声"爱情价更高"，可是，没爱了还凑合持续关系，是珍惜爱情吗？

4. 新浪博客上看见一句话："补妆时间越长，男人越容易出轨。"

　　如果是赚得盆满钵满的生意，是要防着外人介入的。即使找人投资合作，也是亲戚好友，有钱干吗给陌生人赚。@苏的最爱不知这结论是怎么调查统计出来的，搞不好是猜的，因为它的逻辑无非是这样的：你补妆时间越长，说明你越不自信，你越不自信，你就越拿不住男人，你越拿不住男人，你男人就越容易出轨。问题是，有几个女人还会为自己男人补妆啊？都是为了别人的男人或才搞到手的男人才会补妆吧。别人的男人容易出轨那不更好吗，才搞到手的男人即便容易出轨，以后谁抛弃谁还两说呢，他爱不爱出轨跟女人有什么关系？某顺研究两性及人性满十二年了，我看见的现实是，人们活得越来越为自己负责（自私的另一面就是只为自己好），人们也活得越来越随性（并非随性情，而是随性欲），出轨已然成为常态。男人中从不出轨的，不是没有，而是小概率到可以忽略不计。女人的出轨概率呈直线上升，原因无他，社会开化程度到了比较宽容的时期，贞操观已经更新到"我爱我就要"的境界了。随着经济和文化的蓬勃发展，新的贞操观会形成，具体是什么样子的？嗯，应该更人性化的同时，也更温和理性吧。所以，补妆的女人永远不会少，但她补不补妆、补妆时间有多长，她男人都会出轨，这才是真相。

5. 某顺民调"最不想干又必须干的事"，大多数人写"上班"，这不奇怪，因为大多数人的工作只为糊口，而非个人乐趣，所以我一直劝你们坚持自己的爱好，不定哪天你的个人爱好玩出花样了，就能让你在乐趣中热衷于工作了。民调里还有几个女人答"婚内做爱"，这

鱼粉妙评

男人不主动，要么是没看上，不具备让他主动的动力；要么就是性格冷淡冷漠，这样也是不好，相处会很累。@晓枫之岸

才是"喜大普奔"又不意外的说法——本来结婚是因为分不开了,做爱做得饶有兴趣,才要排除万难地结为夫妻,可是一结婚,饶有兴趣的事因为没有任何阻力了,也就越来越没趣味了。婚前那些招式那些氛围,婚后都懒得使了,因为不讨好对方,对方也必须睡你,法律和公序良俗都要求 Ta 得这么做。婚前哪能床上应付懒散,必须讨好啊,必须认真对待 Ta 的感受啊,必须卖力迎合和满足 Ta 啊。因此,结婚除了一起养孩子这事能叫人高兴点(有人分压和减轻负担),其他事貌似都是必须做又不是乐意做的。像"夫妻应尽义务"这事,想想都头疼,明明没乐子,还得做,不然对方会不会怀疑我们有外遇?坚持不做,是态度问题,坚持做,真真要人命。所以围城不能轻易进,一旦出去了就别再次进了,否则你连生理问题都解决得那么不甘心,是不是?

6. 总有人抱怨,说自己为某人某事付出了那么那么多,却被人家辜负或忽略,他们因此断论人家都是坏人,而自己生不逢时、明珠暗投。事实真的如此吗?某顺不以为然,不信大家研究下有这等情绪的人,看他们是不是太自我、是不是从不会替人着想、是不是太计较、是不是习惯性用阴谋论揣测他人。这种人都有共同特点:如果你跟他关系近了,你会发现他连他所有的亲友都不满,他真的是怨愤多多,反正人家不管做了什么、做了多少,都能让他不舒服不满意,他的眼

> **鱼粉妙评**
>
> 性格汉子,外表又不好好打扮,男人恐怕只能把你当兄弟看了。@ 莫问军师

里只负责挑人家毛病,从来看不见人家优点。但他对自己不是这样的,他对自己的肯定是令人发指的。一个人对自己之外的任何人都有意见,他又怎么可能在单位在职场在社交圈混得开呢?混不开,就更加愤懑,愤懑的结果是他越来越孤立孤单孤僻。所以,你如果想在职场如鱼得水,你如果想获得群众欢迎、朋友认可,你就得克制你的自私、拓宽你的心胸,凡事推己及人,不要一叶障目地随便定义他人的好坏,尤其是不能镜子只照别人从不照自己和自命不凡,压低身段、温和处世、善待他人,你就会觉得世界温暖多了,别人也不那么可恶了。

7. 某顺经常遇见这样的尴尬:我前脚写一段文字,后脚就有人为此段文字恨上我了,Ta 认为我写的是 Ta,Ta 的玻璃心受不了了,必须用恶毒报复来回报某顺才成。某顺因此收获了很多敌人,这是典型的因言获罪。但多数情况下恨我揭 Ta 皮的人,并不知道我写这段文字时根本就没想起 Ta,甚至根本不知道 Ta 也做了我文字中鞭笞的那种事。成语管这种情况叫"对号入座",但凡别人一说什么就能联想到自己的人,都是极其有自知之明的。也就是说,Ta 心里知道自己不是个东西,但 Ta 自认可以,别人要是描绘出 Ta 的丑样,那就万万不行,哪怕别人毫不知情,只是意外撞上。而且,作为一个作家,尤其是专门研究人类社会学的作家,某顺是要经常性地把案例中所涉问题总结成经验,让读者能从中受益并成长的,如果我写什么,都有人说

鱼粉妙评

女人和异性往兄弟方向发展,要么是自己内心拒绝和眼前异性深入接触,要么是对方不愿和她深入接触。有了自己心仪的人出现,女人味不自觉就流露了。@林曼妙

我挖苦恶心 Ta 了，某顺只能说，Ta 还真把自己当人了，Ta 以为 Ta 在某顺眼里是念念不能忘的重要人物呢，还是认为某顺就认识 Ta？高看自己到这种地步，也算可悲。最后还是得友情提醒各位：一、你没你想象的那么重要；二、世界之大，你做过的事，别人也做过，某顺针对的一类事，而不是某个人，淡定淡定，傻子才急。

8. 有个妞哭诉："谁都可以骂我，就他不能。"意思是她对这男人太在意太上心了，这男人的态度说法让她失望至极。某顺劝她：他和其他人没有一根毛的区别，只是你在乎他，而他不在乎你罢了，知道了真相还生啥气啊，拾掇起自己的多情，从此一别两欢吧。和不爱你的人割席割袍都是应该的，活着本来就累，你没必要在意那些不在意你的人说什么，否则真会累死的。这妞最后说她轻松了，但我知道她还需要走很长一段路，才能彻底摆脱那个男人对她心灵的桎梏。女人就是这么好感情用事，总以为我对这人好，他也必须对我好。但世界是不以女人的感情为轴心来运转的，世界是讲理的，男女关系的"理"则是"你爱我与我无关"——你可能不明白这句话，但你稍微理智地想想就该明白了：**你爱人家，真是你个人的事，爱他是你的愉悦，而他是被动的，他可以迎合你，也可以不睬你，他有是否回报你爱的自由。**你不能强迫一个人爱你，如同"你可以把一匹马牵到河边，但你无法使它低头喝水"，这是你高中时就学过的知识，为什么成年后却

鱼妙粉评

女追男，注定悲催。会被男人爱得死去活来的那是小说和偶像剧。@angie8981984

不肯相信了呢，是不是太任性了？不要生男人的气，因为不爱你的人不配让你生气，不要爱不爱你的男人，因为你就算是活雷锋也不该在感情上这么主动付出。女人买东西时的斤斤计较劲儿都上哪去了，怎么货物是男人的时候就不惜血本了呢？所以，他爱你的时候，你可以好好对他，他不爱你的时候，就让他滚蛋吧。

9."我为什么招人厌？"这问题有不少女人问过某顺，当然她们是以另一种方式问的，她们一般会说："为什么我没做错什么甚至还付出不少，领导同事亲友却不喜欢我？"如果某顺真信了她们所说，那就错了十万八千里，因为要是让她们讲讲细节，她们所展示的冤屈在某顺眼里都只有一个词两个字：活该。一个人总是不讨好、总是招人厌，主要是个人素质问题，某顺总结有以下几点：一不会说人话，二不会做人事，三自私自利，四习惯性与人添堵，五没有眼力见儿，六心眼狭小想太多。这六点基本囊括了所有自认"不被尊重、没享受到公平待遇的人"。如果一个人出口皆是难听话，做事不着调没轻重，一向不懂推己及人且以使别人难受为己任，尤其不分场合不看人脸地想当然还玻璃心到总是怀疑别人侮辱她了……各位想想，遇着这么一个人，你对她的态度还能好吗？有点涵养的立刻避她三舍，没涵养的就横眉冷对了，而她还是一个从来不知自省的主，当然会因此断论天下人都对不起她。所以，想要别人尊重你，还是自己先尊重自己吧，

鱼粉妙评

所谓旧爱忘不了皆因新欢不够好。@天使之城521

自己都不自重，还期待别人尊重你，岂非白日梦。

10. 不要和小人缠斗，因为小人没有底线，你斗不过他，也丑陋不过他，你就没有胜局；而且你的世界也不该小到只有过去而无明天，当你放下所有的不满、不平，只专心走自己的路、做自己的事，你会发现那些试图缠磨你绊倒你的魑魅魍魉，都太太太不值得你浪费一分一秒的时光。生命真短暂，一辈子要做的事有很多，唯有与人争论是非高低是最无聊的，天下还有那么多好东西需要你全心全意地去享受，比如美食美色美景美差。所以不论你有多么"意难平"，也要逼迫自己只接受美的、屏蔽掉丑的，留下让你愉悦的、拉黑叫你恶心的，唯如此，你才会越来越舒适、越来越平顺。佛教说有前世有来生，某顺说当下活得清纯自在，生生世世你都是美好的人，都有美好的生活。

|鱼粉|
|妙评|

婚前是觉得自己上辈子积了德才遇到这么好的人，婚后才发现是自己瞎了眼才会嫁给他。@妞子娘1218

苦口顺心大力丸（五）

1.2014年的初夏到深秋，某顺都在写讲稿。那是我十年婚恋咨询工作的总结性报告，每篇万字左右（个别的少些，多数超万字）。开始某顺是给自己的微信课写讲稿，后来上课的人太多了，就改成直接付款发讲稿了。于是乎某顺眼前的江湖一片血雨腥风，有专门盗卖我讲稿的，还有把我讲稿改到面目全非之后再拿来批判我的，更有所谓文化人及女权分子对我公开批斗，当然也有同行雇用网络流氓对我人身攻击。某顺那时很委屈：我只是做了我应做的事，没偷没抢的，为何有这么多人恨我呢？我的版权没有法律保护不说，跟诽谤我的流氓打官司还旷日持久没说法，这是个什么世界？2014年大半年和2015年一整年我都满脸闭口粉刺，一批批此起彼伏地繁茂着，我当时心情比 pm2.5 1000 下的你们还沮丧，那种情况下不抑郁不沉重不仇恨是不可能的。之所以某顺没自我爆炸，还能顺利地熬过来，全靠一批爱我的人支撑着我，这其中有你们，是你们一直跟着我，从微博转战到微信，不离不弃，所以我和你们的感情不能用一两句话形容得清楚。当

鱼粉妙评

相爱一场皆是缘，不爱时何不一别两宽，潇洒前行。放手是放过自己。@林曼妙

然彻底走出来,还跟时间有关。时过境迁,放下也是自然的,忘了也是自然的。我写这么长一段话,只是想告诉你们一个重点:论委屈,我不信我认识的人里有比我的委屈还多的;论辛苦,我也不信你们比我还辛苦(当然你们肉体上可能比我辛苦)。我都能扛过来,你们怎么能扛不过来?咬咬牙,再坚持一会儿,霾就被风吹散了;跺跺脚,再熬一阵子,你就不在乎这一切了。相信我,一定要撑下去,不然你前面的煎熬都白忍耐了。

2. 这个世界的人际交往,是一个淘汰制,首先三观不一的人互相淘汰了对方,然后三观一致但层次差别大的人(经济、思想、素养),也是渐行渐远。后者是门当户对原则在发挥作用,双方都想轻松点的时候,就选择了和自己在一个层面上的人相交,下意识与差距大的人拉开了距离。所以,如果一个人远离你、抛弃你,有可能是你配不上人家,也有可能是人家配不上你,强扭的瓜不甜,不能因为人家的疏远就恩将仇报,因此恨上了人家。你还是和你那帮嫡系凑一起比较舒服,你们彼此不嫌弃、不失望,跨阶层交往,某顺是不鼓励的,因为人分三六九等,你差一等你就难为很多,何苦强行并线进入你本不必抢的道儿。当然,阶层绝不又指钱财的多寡,有人挣钱不少但永远混不进上流社会,因为他思想和品质都到不了那阶层。圈子的存在,让很多人由此受益,也让很多人失魂落魄,尤其是被抛弃的时候,的确应

鱼粉妙评

男人心在哪儿钱就往哪儿去。@天使之城521

该认真反思自我素质是否达标,而不能一味恨人家瞧不起你(男女关系更亦然)。

3. "我跟你没有熟到能开玩笑的地步,请控制你的低级幽默。"——这话是经常要窜出某顺嘴巴又被生生咽下去的,咽下去的代价是某顺对开玩笑这人十分鄙视。因为,我认为所有不知分寸位置就乱开玩笑的人都是智残,用不着高看他。为什么有些人总是管不住自己的嘴,搞不清自己和人家的关系有没有到能互开玩笑的地步呢?我总结是他缺乏正确的自我认知,对别人也是一知半解,社交中最忌惮这种"既不了解自己也不懂得别人"的莽撞幼稚,有些人因此得罪了人还委屈得要死,他可不管他那些没轻没重的玩笑给人家造成的不爽。所以,社交网络也好,现实圈子也好,都请控制自己的表达欲。关系够好,说笑调侃无所谓,因为彼此懂得没恶意;而关系不到,你的玩笑调侃只能显示你够弱智和不怀好意。所以,"可说可不说"的,一概不要说,确定自己不是对方闺蜜至交的,你想不平白树敌又非得表白一下,就尽量说好听的;如果连啥话好听都不知道,那就干脆闭住你的乌鸦嘴,不要让所有人都避你三舍还觉得自己好牛,当下时代建个人脉很难,毁个人脉可是分分钟的事儿,且无法修复。

4. 前几日和朋友聊天中,对方评价我们共同认识的一女,就用了

生下来,活下去。人生不如意十有八九,除了生和死,其他都是小事。
@香榭丽奈

六个字:"她嘴里没真话。"事后再想这事,不妙:一个人在朋友圈以虚假著名,他的个人形象七是没法高大上了,可惜了了。因为诚信这玩意儿营建难、毁灭易,惹重修再建可是难上加难。谁小时候没读过"狼来了"?其实那故事不仅仅是寓言,而是真正的做人操守,可惜懂得这一点的人还是有限,总有一些自以为聪明绝顶的人,老是认为别人都傻,看不懂他的走棋布局,然而不然,但凡正常人有几个真傻啊?不过装傻而已,假装看不懂你在说什么、假装不明白你在搞什么鬼……人家假装不懂和不明白,都是想看看你接着怎么演,你还能闹出什么样的幺蛾子。也有些装傻装糊涂的,只是暂且有求于你,你若以为人家言听计从就是对你坚信不疑,那你就可笑了。总之,开玩笑时可以自诩聪明逗逗闷子,其他时候还是当自己智商中等偏下吧,因为比你傻的、看不懂你的人,真的很有限。一般人都不具备拿谎话行骗全世界的本事,所以,你的每一句假话都可能成为明日你被众人踩踏的呈堂证供,纵然做不到十分的诚信,也不要落个"假话精"的名声才好。

5. 体制内虽然层级森严,关系复杂,但我还是愿意和体制内的人打交道,尤其愿意和体制内的中高层干部交往,因为他们被党和组织管着,坏也坏不到哪儿去,至少不会肆无忌惮明目张胆地欺负人。换"三无人员"(没组织管的、没社会地位的、没父母儿女的)你试试?

鱼	粉
妙	评

男人自己贪色却不准女性图财。 @郝沐桓

你惹没惹他，他坏起来都想整死你，因为他毫无忌惮、毫无压力。而人一旦没了忌惮、没了忌讳，做人标准就可以无限低、随意低了，你也就别指望他能讲原则和有分寸了。没错，仁义礼智信，得是监督机制健全下才能普及的，有些人游离于监督之外，光靠个人后天修行，很难相信他们能比体制内的人还老实可信。坊间也有"光脚的不怕穿鞋的"之说，所以跟人交往，最好还是选衣冠整齐上档次的，因为他们为了保全自己现有的身份和生活，会努力克制本性中的恶念。要尽量远离"三无一缺"之人，所谓一缺，即缺少"爱的教育"。有的人从小生活在凌乱恶劣的环境中，他感受不到爱，也不会爱别人或学不会如何爱，这样的人还能做什么良善之事？不如离他远点，以确保安全。

6. 某顺是一个小心的人，写文章也好，上课也好，都坚持"政治正确"和"价值观正确"。我知道这两个正确会让很多人笑话我，但我依然坚持，因为我是从传统媒体出来的，当年做直播时天天绷着一根弦。电台有延迟装置，有人捣乱或主持人自己说错了，完全可以在不该出现的内容播出去之前就掐掉，但做到这一点，需要主持人时刻不跑神，并且不把岗位当宣泄平台。所以你听着广播里主持人们欢畅轻松地播音，与听众互动，其实他们都是精神高度集中的，因为只要出事一次，基本就失去饭碗了。有了直播主持人的经历，我对哪些话

> 鱼粉妙评
>
> 他说出的分手理由未必就是他心中真正的理由，但是他都有和你分的心并且付诸实际了，你还挽回啥。@卷卷毛羊

能说、哪些话不能说，都高度敏感，所以某次微信课老师宣讲他那套满是负能量的做人理念时，课没结束我就决定再不用他了；我不想看见我的粉丝被他影响成他那样的人，看谁都像敌人，对谁都阴谋论，虽然他很有才华，不少粉丝追他的课。努力做一个好人、做一个三观端正的人，是某顺的坚持，也是某顺想传达并影响到你们的理想。三观不正的人，即便一时半会儿走得很高端，他也会栽的，因为他做人的基石没打牢，人们一旦看清他的真面目，他就没有拥趸了，钱也挣不上了，一不小心就能从云端栽下来，摔个半死都是轻的，现成案例参阅周立波。

7. 智商高有的时候也不是好事。比如你把高智商用在害人坑人上，人家可能一次两次吃了哑巴亏还不能完全识破你，但几次之后再憨实的人也能明白你诡计多端，彼时人家一定会防着你，最终结果就是你被对方引诱着走出一步步自以为高明的彪悍步子，你还当自己聪明盖世，玩什么人家都搞不赢你，其实是人家等着瓮中捉鳖……所以，不该耍的心眼就得趁早收了，不要让朋友圈的人都当你是"不会得癌症的人"才好。冯唐说不得癌症的关键在于"不生气、不着急、不要脸"，某顺觉得要改改这"三不"，改为"不耍鬼点子、不两面三刀、不没脸没皮"。因为，老耍鬼点子，太费脑，容易心焦死；老两面三刀，太费力，容易过劳死；老没脸没皮，太费津液，容易饥渴死。

鱼妙粉评

"心如刀割，止不住痛苦，恨、压力大、枯燥"这些比较强烈的情绪反应，不完全是分手引起的，更多与自己的人格特质、情绪水平有关系。如果一段时间不能缓解情绪，可以求助心理咨询。@刘贞华平衡教育

8. 某顺经常受骗上当。像某顺这么机灵的人竟然经常被人利用被人哄骗，确实可笑。不过，某顺能告诉你的是，其实我大多数时候的受骗上当，都是明知有坑甚至明知对方确切目的，还是假装被他成功糊弄了，这不是我大智若愚，而是我同情心泛滥。面对一张殷切期盼着我上当受骗的眉眼拧巴脸，我不忍心对方失落，想着"就让他增加点成就感吧，都能骗得某顺团团转了，这出去吹吹牛都体面"……好吧，且继续听他睁眼说瞎话。不是某顺洞悉人性，而是有些人太信任自己的演技了，又习惯性把别人当傻子，其实谁傻？最近某顺又被所谓朋友摆了一道，又毫无新意地打头起我就知道他要做什么、他想实现什么目标，然后是他自己演完戏都不好意思了，来了一段画蛇添足的多余表白，用实际行动证明了他从头至尾的虚伪——某顺还是同情他，因为被识破又不被说破的骗子，还是低端。

9. "人不可有傲气，但不可无傲骨"，这话说得中肯。傲骨，指内心坚硬，不食嗟来之食、不指望他人相帮，一路靠自己，从不违逆自己内心，也不会为蝇头小利做墙头草。而傲气纯粹是虚张声势，是原本没必要的，因为你若无傲骨，你越傲气就越让人打心底里鄙视。傲气是需要实力的，但真正有实力的人又懒得傲气，这世界的拽人们因此分了两派，一派以实力征服他人，一派以气焰压制他人。某顺见过

> 鱼粉妙评
>
> 承认自己平凡普通无优势挺难的，需慧根。人总是觉得自己与众不同，会被郑重对待。@木棉葵葵

大大小小很多腕儿，都有规律可循：越有本事的人越亲和、越诚恳、越不会轻易说自己和反驳别人；反之，越是没本事的、内心糠麸一样松垮空虚的，就越是爱吹爱罢，还盛气凌人，必须占上风。所以，傲气就是拉大旗作虎皮，吓唬人罢了，傲骨却能让人口服心服、钦佩跟随。所以，如果人家没有被尔的气势吓倒，你就好好琢磨下自己为什么征服不了人家，而不是用"你不懂我的厉害"做翻脸前的通关文牒。傲骨是自信，傲气是自负，你傲要傲到点上，不要瞎傲。

10. 经常想起"格局"这个词儿，有些人真的是因为格局逼仄小气，所以即便看着也努力了，但最终还是成不了气候，实现不了他的梦想；而另外一些人因为格局特别开阔，他用心操持的每项工作最后都能让他受益匪浅。格局大而高的人，貌似憨傻蠢，总是在说"没什么，利润给他，让他抢先"之类的话，其实最后他吃亏了吗？没有，反而因为他的豪爽和礼让，让对手觉得他可靠，认为跟他做生意打交道自己永远不会吃亏，因此更加信任依赖他，有生意都交给他。传说中李嘉诚就是这么一个人，所以李家生意是了不得的大。当然，真大方和假大方还是有区别的，假大方的，往往是看错了形势和对手，大方完了又后悔异常；真大方的，是不论在任何境地与任何对手，都肯让对方一杯羹，而不是对人家斩尽杀绝。我爹说："手指一定要有缝，要留机会让人家挣钱，更要制造机会让人家糊口。"我认为这就是做

|鱼粉|
|妙评|

单身男人与已婚男人的最大区别在于，已婚男人要离婚的社会成本太大，而且难免有点儿人品低劣，今天能为了你抛弃另一个，明天就能为另一个抛弃你，这种男人又有什么好爱的。@宇雨渔鱼

人的格局，更是做事的格局，所以，我看着那些恨不得咬死同行的人，心里只有呵呵，你不让利于人，谁会让利于你？大格局不是眼前的顺利，而是愿意帮你的人有很多，你可以做成的事也有很多。

你的"爱情"是只冲着漂亮妞去的吗？那你的爱情也有条件啊。如是，就别怪妞们要房要车。@一片忙云

苦口顺心大力丸（六）

1. 为什么有些人天生喜欢与人添堵，而且还振振有词、煞有其事，一副真理道理情理法理都在握的样子？他不过是一只捏着一星半点儿权力的蝼蚁，就幻想让身边蝼蚁都被他难为着、控制着、教训着、唯他是从着？某顺想来想去，只能是他出身卑微贫寒，成长环境中又缺乏爱的感受，导致性情阴郁、不会与人交流、不知道予人温暖才能收获温暖，如此时间久了，他在人群里越来越没人缘，甚至被讨厌被孤立，各种机会人们都不想给他（因为他一副谁都欠他的样子十分招人烦），他报复社会憎恨人类的扭曲性格就形成了。可恨之人必有可怜之处，他的可怜在于：出身确定了他的自卑，后天又没经历爱的教育，本性也生冷孤僻，不肯与现实握手言和，最后他就被所有人厌弃了。找对象，没人喜欢他，好不容易结婚了，和伴侣又相处不好，对孩子也是潜意识沿袭他家传统（少爱而多恨的传统）在单位落落寡合，在朋友圈各种讨嫌……他虽然不是故意这样别着劲儿的，但每件事本身都可以有另一种解决方案，他却固执地坚守他以为他认为，最

鱼粉妙评

女人所有的不幸都源于一句我不甘心，不甘心男人不爱你了，所以死也要揪着他，不甘心男人提出离婚，所以死不同意。本来好合好散的事儿非要弄得两败俱伤，把自己折腾得像祥林嫂一样人见人厌。@ 晟妈于淑静

终他就变成了永远不得志的那个人；而且因此加剧了他对社会的不满，他把这不满又加倍报复在无辜旁人身上——其实，恶循环的起点，极有可能是他的父母不和睦、他的家庭传统没有正确的三观。在此某顺友情提醒妇女们：离婚，有时是为孩子拥有美好顺畅人生的第一步。

2. 某妞得一锦囊，要求是"感觉最幸福了再打开看"，我问她什么时候打开，她说大概是她儿子结婚那天。我问为什么不是现在，她回"现在不是最幸福的时候"。某顺想，如果换我，大概立马就打开了，因为我不觉得我现在不幸福，更不觉得将来我一定能比现在还幸福，所以我得立刻看看里面写的啥。北京移动公号刚才有个推送"如果能重来"，让写愿望，写了就能得到500M流量，某顺想写但不知写什么，又不能瞎写，这500M流量就错过了。此刻某顺正在反思自己为什么对前半生没有批判性的总结，居然不能推倒重来我所经历的每一件事？当然也不是说我这一生就幸福如意得冒泡，什么错误都没犯过了，其实我有很多当时难以形容和忍受的坎坷，并比一般人见识过更多丑陋无比的人性，但时过境迁，我走过了就不以为然了。唐僧师徒四人一路向西是有目标的，所以他们斩妖除魔绝不放弃，最终得偿所愿。而某顺从没什么明确目标，只想把眼前能做的事做好，也没少邂逅妖孽和遭逢失败，年近半百时我再回头眺望，觉着以往经历的磨难还是有意义的——过去的每次咬牙切齿都让我更聪明一分、更强大

鱼粉妙评

追你的男人条件不好，所以你看不上；条件好的男人未必把你当菜，所以不主动。所以说不必崇拜爱情，决定爱情的其实还是人性，能令自己获利的关系才令大家乐此不疲。@曾经帅呆过

一分，所以我现在没有不堪回首、暗自祈祷推倒重来的往昔，天塌了有地接着，我怕甚，何况天从来没塌过；我也认为自己现在够幸福了，嗯，享受和利用当下，是某顺今天说的重点。

3. 很多女人有同样的毛病：被男人抛弃时才懊悔当初为家付出太多，经济窘迫时才遗憾曾经没有努力挣钱，遭遇小三挑战时才发现盲目信任了男人。而且她们看见其他女人的成绩，容易这么想：她运气好、她能力强、她有人帮、她能吃苦……对自己得过且过并毫无建树的人生，她们又只有哀怜：我没人帮、我运气不好、我也笨、我已经尽力了……其实早早放弃了上进心，是过上她们所谓的无奈生活的主要原因。当然，这不是说她们不学无术、懒惰无用，而是说她们努力错了方向——她们以为"家是女人的港湾，男人是女人的依靠"，这错误的意识导致了她们的方向决策失误，而方向错，当然只能通往暗黑前程、全靠男人的良心活着了。不是每一个女人都要出头露面、做事业女强人，因为并非人人有这天分，但，有点忧患意识总是对的，不安全感看似活得累，其实能帮我们避免做寒号鸟。想在严冬来临时还有可进可退的窝，女人就必须时刻提醒自己，努力工作、使劲挣钱、别把幸福一生的蛋都押在男人这个筐子里。只有任何环境下我们都能独立生存，我们才能在好环境里踏实享受、在坏环境里有力气尽快挣脱；只有任何时候我们都能够靠自己摆脱困境，我们才能在别人背叛

|鱼粉|
|妙评|

现在看到男的评价一个女人"懂事"或者"贤淑"，就会觉得这女的多半是个不会爱自己的缺心眼儿。☞五月茸茸

我们时只是鼻子一哼,立刻开启新感情新生活新事业。独立和自强是分不开的两条腿,独立让我们人格健全,自强使我们力量无限,你精神经济都不独立,哪有能耐站起来?你不自强也不奋斗,靠谁能靠一辈子?

4. 门第差别是极端重要的社交框架,跨层次是非常难受的,双方都难受。不论男女关系还是普通朋友,都会因为门第差而生怨恨,最终翻脸成仇,一般翻脸的还都是层次低的那一个。门第差并不是先天和固定的,多数门第差形成在时光推移中。很多朋友开始都是一个起跑线、一个平台,大家出身、眼界、收入、能力都差不多,那时大家还没有门第差,所以相处和谐;但走着走着,有人加劲超越了同伴,而同伴由于不求上进或方向错误,会越来越落后,直到远远落在前者视线之外,如此就形成了难以逾越的门第差。后面的这两人如果还能做朋友,一般是弱者心胸宽广、能认可和接受强者的努力与成绩,而不在于强者什么态度。强者其实没心思研究弱者怎么想,他的心思都在他自己怎么继续向前奔跑上,可是弱者则会因此认为前者不重视自己了、现在厉害了、不好交往了。弱者认为"你发了你强了你更该和蔼可亲态度谦和才是",殊不知强者没心思跟他玩亲和,总是用最简单的字眼和最直接的态度来交流……因为强者没时间做安慰鼓励天使了,弱者就把强者当成了忘恩负义的王八蛋,这种翻脸是典型的门第

鱼粉
妙评

如果一只猫不吃鱼,那条鱼就不是鱼了吗? @Tracy_ 我不是领导

差引起的观念差,观念差引起的情感错乱。某顺建议:社交中一旦有了门第差,作为弱者就赶紧追赶强者吧,不要再小肚鸡肠地琢磨人家是不是看不起你了,要知道,一个奋力向前的人根本没精力看不起谁谁,你之所以差,就是因为你太爱研究别人对你的尊重够不够分量,而你做的自我抬举的事情又太少了!

5. 品质这东西是以小见大的,而且要持之以恒地表现如一,不能当众高调施舍流浪者,背地又把见不得光的事都做个遍。有的人认为他偷着摸着做的事,只要他不说出来,没人能知道,殊不知天下真没有不透风的墙,但凡做了,一定有人知道,而且很可能是众人都知道却都不挑破,就你以为大家全被你蒙在鼓里,这是很可笑的局面。还有的人是霸道惯了,也欺负别人惯了,就以为天下人都怕他,无耻起来没人能比,他是误把那些摩拳擦掌还没准备好出招的人,都当了永远没能力出招的软蛋,其实厉害人多的是,狠手段也有的是,你之所以还能猖獗,盖因秋后算账时刻还没到,"天欲其亡,必令其狂",且行且看。某顺因工作能够了解认识各种各样的丑恶言行,有的咨询者就大呼小叫,说老天瞎眼没主持公道、没让坏人遭到报应,其实谁瞎天也不会瞎,之所以因果报应没有大家期待的那么及时和够分量,皆因公道大于人道,即:你恨他,不代表他真是罪人、他真罪不可赦。总而言之,坚持做好人,做真正的好人,而不是高调假装的好人,会

鱼粉妙评

人的有些行为就是道德绑架,为了老人怎么怎么样,完全不考虑两个人感情和现实情况有没有到结婚的份儿上。@轻撷幸福

让围着我们的荆棘都变为别人头顶的炸雷。

    6. 温度，是一个人活着的主要体征。活着有生理的，也有心理的，你能否长久地活在一个人的世界里，主要看你有没有温度。一个有温度的人可以盘踞在他人的世界里很多年，反之，一个没有温度的人即便曾经让他人辗转反侧，但因为这个人的低温已经冻伤了对方，人家也很快离他而去。所以我们要时刻温暖对人，不要任性和幼稚地认为，不管我们温度多低，对方也会原谅我们，等待我们回暖。世上除了亲妈能够不离不弃，其他人都会因着我们的温度而决定他自己的温度。我们热，他就近，我们冷，他就远；我们冰凉，他就埋葬我们。面对男人为了离开而故意表现出的高冷，很多女人总想用她自己的温度去暖和男人、挽回男人、重温旧好，但女人们不知道，男人的离开想法是坚定和不可逆的，产生了他就行动了，行动了他就必须达到目的，所以，做一个和男人一样能够及时调整自己温度的人，非常必要。并且纠缠只能证明女人的价低质次，女人想让男人高看自己一眼，只能是在男人降温的时候就配合男人，随着他降温吧，而且他30度你就只能15度。记住，我们可以始终用高温去温暖别人，但要温暖对人，要合适双方氛围，那些一言不发就疏离我们的人，不配得到我们只言片语的温暖。做一个温度可调的理智的女人，对女人保护自己的身心不受伤害很关键。千万不要说"没他就没快乐了"，因为，排着队等

鱼粉妙评

    越在乎男人的女人，越容易被男人甩掉。@萨米是指小海龟

你温暖的男人真的有很多，顶多是没有鸡蛋灌饼就吃汉堡包，没有汉堡包就吃肉夹馍而已。都学着让自己变成杂食动物吧，老天给我们什么，我们就接受什么，快乐都是自找的。

7. 如何获得他人的信任？这是每个意欲在事业和情感上有所收获的人都关心的问题。有人用甜言蜜语来笼络对方，有人用发誓保证来表白自己，但是未必所有人都收糖衣炮弹，也未必所有人都能被许诺打动，总有一些脑子冷静又有决定权的人会坚持看行动，而不是看说法。所以，说得再好也不如把细节做好，给人以稳妥可靠的感觉，人家就肯把重要的、关键的工作交给你了，人家也愿意购买你的商品或服务了。此处需要强调"长期连贯"这四个字，有些人也努力做过细节，待人接物也用心过，但他耐力缺乏，且吝啬付出，做了一点儿就觉得亏大了，付出与得到不匹配，因此他渐渐懈怠甚至怨恨起来，结果前面的努力也付诸东流。其实不论情感培养还是事业发展，都是百米跑，你在20米、50米就放弃，你只会说终点太远"臣妾做不到"，但你坚持到80米甚至90米的时候，你就有把握拿下那些原本怀疑你的人了。最后总结：社交或工作，都别只盯着眼前的报偿，要高瞻远瞩、卧薪尝胆，秋收季节还没到，你付出的路还长。

8. 信用破产是一件相当可怕的事，可惜不少人都没认识到这一点。

鱼粉妙评

食得咸鱼抵得渴。很多人在物质匮乏的时候选择牺牲其他满足物质利益，一旦物质满足之后，开始痛苦，开始有精神追求，开始不愿抵渴。问问自己离不离得开他的钱。@五月莳莳讲个真事儿：多年前朋友圈有一人用欺诈方式骗取了另一人几百万，那时候的几百万大体相当于现在的 3000 万左右。由于手续都是合法的，损失这么惨重也是因为被骗的这位过于盲目轻信，所以整个过程类似于愿打愿挨，旁人即便看得一清二楚，也阻挡不了被骗的这位从此一无所有。轻易得手的骗子，也并不是职业骗子，他可能这辈子就干了这么一票了不起的大生意，而钱来得容易，去得也就容易，几年后他把那笔钱挥霍得差不多了，开始想养老问题了，打算做个稳当的小买卖，存点养老钱。这时候他间接找到某顺，希望合作，成为某顺的供货商。某顺会答应他吗？在商言商，某顺也许会和他合作啊，但肯定要货到付款，绝不通融。因为他虽然没骗过我，但他让别人倾家荡产过，这种人不仅再也得不到某顺的信任了，现在连他亲友都不敢完全信任他，所有人都对曾毫不手软害人的他的品质嗤之以鼻。现在各位也要好好想想，你有没有欺骗过熟人亲友，尤其是经济上令人家损失？若有，你要小心了，现世报应该已经出现了，即你现在做什么，都没人帮你。群众的眼睛真是雪亮的。

9. 撒谎成性的人轻易不会相信别人说的话，因为他以自己之心度君子之腹了。他从不说真话就以为你也不会有真话，这种可笑的推论你大可不必去争辩，因为你说什么他都不会真信了你，他的世界里除了欺骗就是虚假，你叫他怎么信你有另一个世界呢。刚才我贴了北京

能让你老是生气的人还值得交往吗？说明不合适，未必是你或他有啥特别不好。@WM 的指缝

学员姗姗的上课前后生活照，有人质疑是不是一个人。没错，我不能证明，但并非真的不能证明，而是我根本不想证明，我更希望有的人永远low、永远假下去。这么说比较腹黑，但这是我的真心话，信不信随他。

10. "站着说话不腰疼"，是形容那些只会说大话漂亮话，不会真心为他人着想的人。最常见的站着说话不腰疼，你被人欺辱了，他劝你"没啥大不了的，假装看不见就行"，不论你的内心创面有多大，他都劝你忍，仿佛不这样不能证明他大肚能撑船一样；但轮到他吃亏时，哪怕仅仅被小小冒犯了一下或人家不理解他而已，他都能写出几千上万字的申诉文来，且到处张贴宣传，好像被挖了祖坟抢了钱财一般。这些总叫他人忍难忍之事，自己却各种不能忍的大仙，最大的问题是从来都把自己置于他人之上，缺乏推己及人之心，甚至没原则、没道德，当然他们都自认为品行高洁。鲁迅说"损着别人的牙眼，却反对报复，主张宽容的人，万勿和他接近"，说的就是他们。他们之所以动辄劝你宽容，"原谅伤害你的人"，无非是给自己留后路，即，若日后你和他有同类冲突，你最好也原谅他，否则体现不出你的仁爱厚道。王朔说："他们都叫你学好，好自个儿使坏。"十分形象地展示了这类人的深根。宁为狂狷，勿为乡愿，是某顺的做人原则，你因此笑我傻，我也能理解，只是不要妄想我什么都忍。

鱼妙粉评

人可以不优秀，但不能卑微到尘埃里。@大望的天

苦口顺心大力丸（七）

1. 要做好人，要和那些善良厚道不坑人的人交朋友，如果你发现你认识的某人坑了别人，哪怕他们双方都与你无关，哪怕你认识的这人和你关系还不错，你都应该远离他，因为坑人的人是不分远近亲疏的，他会轮着坑，直到有天坑到你。事不关己高高挂起的态度是愚蠢的。我从没发现哪个坏人还能拥趸无数，只有好人会有一群贵人、一群朋友、一群支持者；坏人都是阴沟里鼓捣，绝不敢把他做的事放到明面上来，所以你一旦发现他是坏人，就说明他已经坏得不可救药了，干过无数坏事了，此时你还和他来往，等于自投罗网，等着他坑你。而远处观望的明白人和好人，会因圈子界定你也不是好人，不再给你机会，不敢靠近你……群众基础一旦失去，你做什么事都不会顺了，因为人们都会出自本能地随意否定你。

2. 有些直男口口声声他绝不会吃软饭、绝不向女人伸手，事实是他一直没找着吃软饭的机会，若真有一女人倒贴他、经济上支援他、

宁缺毋滥，总还会遇到好的。烂草吃了，轻则坏肚子，重则丧命。@史新慧－冲动是魔鬼

事业上扶持他，他要不吃这碗软饭才邪了门了。吃不上软饭的时候都嘴硬，都"气节"爆棚，但他真有他说的那么"威武不能屈"吗？肯定不是。无非是没软饭吃的时候就说我绝不吃软饭，有软饭吃的时候也绝不承认他是为软饭和这女人好的。男人也是人，人都会趋利避害，本性而已，不承认只是因为他不敢承认自己也是为钱可以不要脸的。没软饭吃的时候，男人一般会退而求其次地去追逐他认为他能控制的女人，即花一点小钱就可收作小妍的年轻穷姑娘，无知又容易满足的小妇女和他们是一拨人，容易互相理解。躺着就能挣钱是天下最好的营生，这是很多男人和女人的共识，盖因他们奸懒馋滑佞惯了，而老天知道他们本性如此，就始终罚他们做不成他们梦想中的富人。命运蛮公平，自我奋斗的人最终笑傲天下。

3. 可怜之人必有可恨之处——这句话正确得令人发指。有些人的穷，真是注定的，是无法改变的，老天给他好运的时候，他质疑真假、强调条件、坐等观望，没有立刻抓住机遇，也缺少挑战的信心和态度，结果就再也找不到突破口和转机了。还有一些人是不识好歹、分不清孰重孰轻，他只想着要抢到别人施舍的一碗粥，而不肯接过别人送他的种子和农具……说白了，还是懒到了筋骨，已无药可救，穷才成为必然。

鱼粉妙评

你是不是觉得为爱冲破重重阻碍特感天动地？特壮烈？醒醒吧！现实是爱情必须有天时地利人和才值得灌溉，才有可能收获幸福的婚姻，再浪费下去你就真的没人要了。@哈熊小二_真身

4. 某顺曾经多次在多个场合讲过爱好变饭碗的事，因为我本人就是把爱好变成饭碗的标准案例，所以我在这方面体会很多。先讲讲我的经历吧。我从小擅写作文，小时候我有个不敢告人的理想是长大了当作家，之所以不敢告人，是因为想当年包括我自己在内的所有人都不认为作家好当。2003年之前我离作家梦很远，2003年我开始上网，2004年正式写东西，辗转于几个博客平台，2005年我有了100万浏览量时甚至专门写了文章来祝贺自己。也是从2005年开始，我有了大批约稿和专栏，从美食、旅游开始，尔后转向情感、两性。大概到2007年，我已出了6本书，作家梦实现了，且没有想象的那么难，只用了几年，当然这一千多天里我几乎天天都有文章。目前看我早期的文章是思想稚嫩但文字讲究，现在已不讲章法只在乎说清意思了。这些年某顺经常鼓励妇女们了解自我特长，并把特长坚持下去，假以时日，有天分的土地肯定会因辛勤耕作而硕果累累。但很多女人包括男人都有难以克服的惰性以及不信任自己的问题：我讲你要重视特长培养，他说我只是玩玩而已我又没准备靠这个挣钱……但特长玩好了就是专业人才，你为啥不专业地玩儿呢？说白了还是不上进。我说你把爱好持之以恒地坚持6-9年就能出你想象不到的成绩（认真6年就相当专业了，9年能变成个中高手），他说我没时间我没那么大本事你高看我了……不肯投入、不肯精进、不肯认真，这是什么病，某顺确定这是穷病。有的人动辄说别人的成功都是"投机取巧"、是"赶上好

鱼粉妙评

不要给男人反复作践你的机会。他打算好聚好散却实在甩不掉你，只好狠心决绝而去。恋爱脑子要始终保持清醒，正确认知自己在男人心中的分量。@木棉葵葵

时候"、是"有贵人帮忙",就不肯承认人家背后的投入才是至关重要的。虽然成功路径很难复制,但成功方向是明确无误的,那就是不怕挫折和困难,有把一件事做一万遍的耐心。当然,坚持爱好的时候不能忘了正确评估自己的天分资质,如果不是吃这碗饭的,恐怕你坚持一万年也不会有收成,彼时只能当自己真正就是玩儿而已,铁杵磨成针的前提是铁杵确实存在。

5. 昨天晚上语音课,讲到要善待自己,包括全面分析认识自己的缺点,不要一味否定缺点,而是要让缺点的反面(即辩证法中的另一面)展现出其优势来,以弥补缺点本身的负面影响。有听课会员提到"木桶原理",说木桶的短板将影响木桶的容积。我说木桶原理的前提是盛液体或盛松散豆类,如果你用木桶盛大件衣物或彼此牵连的物件呢?那根短板还能影响你什么,顶多是给人看见你有一短板吧?人生难,难在我们明明不完美,必须常常放自己一马才能离开痛苦的自我折磨,却有很多比我们还不完美的人,熬了很多让我们操作起来更艰难的所谓鸡汤,逼我们一再审视自身的弱点、缺点,最终把优秀标杆放大到无限大无限高无限重,令我们再也没勇气跨越自己。其实很早之前某顺就说过:跨不过去就钻过去,若钻也钻不过去,那就掉头另找出路。

|鱼粉|
|妙评|

有些人总把结婚当终点,殊不知那才是开始。@走路带风的圈哥

6. 不要做"知道分子",要做"知识分子"。不要关心与你无关的高大上,要关心你的生存和前途。有些人看上去紧跟时代,这世界正在流行的、正在发生的他都知道,但光知道有什么用?一个连温饱都成问题的人,难道最该知道的不是上哪里找馒头这事吗?脚踏实地,你才有机会获得你想要的生活。

7. 不要期待别人的给予,因为每一份给予都带着回报的期望,尽管有人口口声声他毫无所求,只因对你的好感才赠你钱物,但你给不了他心中想要的回馈,他就会恨你、怨你,继而瞧不起你;女人尤其不要妄想男人"因友谊馈赠",因为男人的字典里永远没有和女人的异性友谊,他送你一根针都是因为"你可睡"或"他想睡"。不要和老男人有瓜葛,平等基于般配,岁数外貌的般配、身份爱好的般配、经历能量的般配,只有各方面都般配的情侣才让人赏心悦目,不被人诟病。尽管感情是你自己的,但你是社会人,必须重视社会风评,不要做自己都解释乏力的事,不要亲近可能会带给你不良影响或意外风险的人,老男人已经睡过许多女人了,你纵然毫不挑食,也应该讲究点成色才是。

8. 今天 EMS 全额赔付了丢失的那箱酒钱,我们补发客户的货的保价运费也是 EMS 掏的。事情处理得相当满意,跟某顺坚持原则有

放下是一种能力,是自己在生活不断捶打中锻炼出来的,不是别人能赋予的。如果别人一句话就让你放下了,说明是你自己水到渠成了。@曾经帅呆过

关。丢货后EMS先说只赔3倍运费，我上家都同意了（货主认倒霉了），某顺却不愿，就在鱼粉指点下，微信上投诉了公众号"邮政业消费者申诉"。我明确表示：要么赔货，要么全额赔钱。下午EMS电话我，先是讨价还价，讲什么没保价的赔运费是邮政法规定。我说你收我货时也没准确地告诉我有这规定，你不提醒我保价，丢了货再跟我讲这个，我不接受！否则你们哪个环节出了贼，故意偷件再赔运费给客户，以后谁还敢用你们？你们必须为丢货负全责。电话挂了后，有鱼粉不断私信我，叫我别生气，说他们丢件也都是只赔了一点点就不了了之，说打官司太麻烦。我说我才不生气，我也不准备打官司，我就准备一直投诉到他们改正为止，要不然大家都不坚持原则、谁都可以耍赖，霸王条款横行，以后这世界还能有个好？最后结果是EMS妥协了，我坚持原则又一次坚持对了。刚才转赔付款给上家，她说我要回来的就归我，我说：人家不讲原则，咱们不能也不讲原则，赔付等于多卖一件货，你当然得拿你那份，这回能要到赔付，说明坚持原则是有用的，咱们以后还是要坚持原则。写到这里，某顺深感自己的原则性是端正不阿的，应该入党，做公务员，我真心这么想。

9. 经常见人说他自己怎么怎么努力，却始终得不到想要的；他们因此抱怨老天不公，憎恨自己周边的所有人，认为是这些人挡了自己的光芒或影响了自己的运势。其实这种人的最大问题是，只想得到，

鱼粉妙评

再次提醒，能开口向女人借钱的男人大概率不是真心爱你。真心爱你的人，很少能放下男人的自尊找他爱的女人借钱的。@雍德汇

不想付出。他们总说，别人都轻易地拥有钱财名誉成就，是别人的运气都太好。其实每个人的获得都与付出有关，只不过所有聪明人都爱用迷魂弹，即背人处的超级努力和执着，人前的超级放松和豁达。只有懒人才会认为别人的成绩都是老天照顾，只有傻子才会认为别人的成功都轻而易举。再回头审视下你自己，是不是不够努力、是不是脑子很轴、是不是惰性太强又过于自负？悲观丧气换不来好生活，随波逐流走不出好姿态，你想要的明天都在你手里捏着，今天你懒一点，明天你就苦一点，如此而已。你问什么时候能轻松？呵呵，先准备跋涉十年吧。别人都没放弃的时候，你有什么资格还没开始就嫌累。

10. 一般情况下，中国女性对男性的态度会经历这么一个过程：十分依赖、十分向往、十分不懂、十分失望、十分无奈、十分不在乎。第一个十分出现在女性的童年，但超过六成的男人此时借口工作忙应酬多甚至打游戏，而罔顾女性对男性的原始需求；第二个十分出现在女性20岁左右，此时情窦初开的女性对亲友之外的男性充满了本能好感，虽然她们中多数人会经历当时还算美好的初恋，可惜作为初恋对象的男性因不肯负责而很快变异成她们永远不愿回味的梦魇；第三个十分出现在女性的择偶婚恋期，中国女性很容易就发现，中国男性比她们想象的还要算计和亲妈（亲近他自己的妈）；第四个十分出现在孩子落地后三年内，中国女性经历了她们人生中最艰苦的时期，在

"不要接近三无人员"这个故事告诉我们：狗屎不能踩，不然甩不掉不说，还臭味残留。@布拉格微

家像老妈子、在单位像边缘人、在男人眼里一无是处、在小三眼里被妖魔化，此时女性对男性的失望到了极限，很多女人都在此时暗自确定了将来的命运，即"孩子大点就离婚"；第五个十分出现在婚姻七年之痒后，很多女人此时已出过轨，再次经历了第二第三第四个十分，因伤害程度大幅减轻，女性趋于冷静，对男人已无期待，只有闭眼凑合的愿望；最后一个十分上现在女性事业物质化茧成蝶后，此时女性已然不需要男性除生理功能之外的其他用途，因为雇人干活都比找个丈夫更经济更合意，这阶段的中国男性往往成了弱势群体，他们不论再怎么挽回，也拯救不了他们在中国女性眼中的既成形象，他们索性破罐子破摔，会表现更加鸡贼和任性。中国女性和中国男性就这么恩恩怨怨地交叉再错过，然后各奔各的骨灰盒，并在活得还旺盛时就暗自发誓下辈子再也不见，临终彼此都是恶评。

鱼粉妙评

跟别人比着过日子，压力永远会跟着你的。各人各命各人各福，自己开心就好。@大望的天

苦口顺心大力丸（八）

1. 二十多年前某顺年轻的时候，这世界流行跳槽，当时但凡有点想法或自以为是的青中年，都会不停地跳呀跳，跳槽。人们从西往东跳、从北往南跳、从小城往大城跳、从落后地区往发达地区跳。那时候不跳槽的人被跳槽的人视为"保守胆小落后"，跳槽的人也被不跳槽的人嘲笑"瞎折腾不安分"，总之都是"白天不懂夜的黑"。二十多年后好像国情依旧，人们还是爱跳跳跳，只不过跳的初衷和方向改了：过去跳槽是"为了更好的未来"，是向着有好工作的地方跳，现在跳槽是"为了换一种活法"，是向着能不干活的地方跳；换言之，过去发展自我是追求，现在休养生息是理想。但是又有几人已然混到了能白天睡大觉的时候啊？你今日图安逸跳去清闲地方，明日可能就因为你的思想能耐都落伍于时代而被彻底边缘化。这世界要运转正常，生产力是保障和基础，任何没有高能产出的人都将被机器淘汰，何况不看未来、只顾眼前舒服的懒汉你？因此某顺今天要强调的是：不要怕辛苦，辛苦就对了。不辛苦的人都曾经辛苦过或再也没机会辛苦，你羡

你是有多嫌弃自己才会给他人一直作践你的机会？　@mylovebaby99

慕他们可就真错了，你是不知道一个废人的痛苦啊，思密达！

2. 年轻时被迫离开或放弃一个人，你会万念俱灰地认为，以后没人会要我了或以后找不到相爱的人了。然而随着时间的推移，你又失恋几次，又被迫离开或放弃几个人，你的痛感一次比一次轻，第一次失恋如果要8年才能康复，第二次最多4年，第三次也就半年……最近这次恐怕你还没听见上家说拜拜就约下家了吧？你因此怀疑自己不会爱了，其实你只是恢复了人性而已——人性就是不管当初他走与不走，你后来都变心了、都不会再爱他……

3. 人生的大多数时候，都如同独自走在地层深处的矿道。你头顶的矿灯是照亮前路的必须，是帮你走出矿道的希望，所以希望永远不能灭，希望给你勇气和力量，护佑希望是你活命的前提，任何时候都要保持希望。而理想则是远处的出口，你要相信你一定能走出去，你要相信远处一定有出口，理想一定会实现。不能轻易放弃理想，不然你就没了走出去的力气；不能随便怀疑理想，念念不忘，必有回响，坚持向前才可重见天日。让希望照亮前路，让理想变成现实，幸福就在不远处，所以你现在还得跋涉、再累也要继续。

4. 人生低谷到底有多低？是不是感觉前路莫测，也不敢随便揣测，

有时候男人出轨不是老婆不好或者情人太好，就是从众。@宇雨渔鱼

生怕想啥来啥……你不要怪自己胆小，也不要怪自己不够坚强，因为耐受程度是因人而异的，就像有的女人生头胎娃都顺畅轻松，而有的女人则在产前产中产后都吃尽苦头。你只能跟你的过往经历比，得出目前尚可或糟透的结论，而不能用别人的成绩对比自己的失意，因为别人吃过的苦你都不愿品尝，别人享受的福也就不该随便羡慕了。其实年轻时再穷困潦倒都不可怕，因为很多富人年轻时都和你一样曾经一无所有过。幸好你还年轻，你也将和那些过来人一样，用年轻的气力撑下去，撑过人生的低谷和寒冬，你的明天还有很多，这是最好的消息。

5. 经历是财富也是毒药，经历让我们不再一惊一乍，经历也让我们麻木不仁；经历提升我们的判断能力，经历也降低了我们的情感波动阈值；经历让我们一步步成熟，经历也夺走了我们所有的梦想。没有经历时我们无知无畏，有了经历时我们缩手缩脚，经历很多后我们沉默不语。不是经历让我们忘了想要的，而是经历叫我们克制了欲望；不是经历令我们从此陌路，而是经历阻断了重逢的机会。

6. 要洗涤你的朋友圈，确保每一个称得上你朋友的人，都是阳光的、积极的、有能耐的、厚道的、好学的人，因为具有这些素质的人能给你正面影响，并能成为你前进路上的一盏盏路灯——即便对方不

有的夫妻不一定有感情。有感情的也未必能成为夫妻。@乡村唐大师

是探照灯、不能替你照亮远处，也能让你脚下不再漆黑一片。要提升你的朋友圈，确保每一个你想接近的人，都是你学习的榜样，学习人家的智识、学习人家的坚韧、学习人家的胸怀、学习人家的沉着、学习人家的奋斗。要知道朋友圈的质地决定了你的根基，你的根基决定了你没办法脱离原有圈子，所以你想飞跃就只能换个根基，也所以你不用为眼前哪个朋友离开了你而恼怒或伤心，人家只是想拥有更好的圈子而已，原本你也可以抛弃他的，为什么你没有呢，还不是因为你不如他？说到这，被弃的你还有什么想不通？

7. 骨气，是天下最贵的气，也是最让人敬佩的气。祖宗说"不为五斗米折腰"，祖宗还说"宁为玉碎不为瓦全"，这都是骨气最贵论，本也该是我们做人的原则，但可惜的是，我们祖传文化里还有更加强悍的"实惠主义"，比如"见机行事"，还比如"两害相权取其轻"。后面这个权衡一般在前面的利益指导下，都变成了随处可见的不要脸。可能说不要脸有点儿重，但确实不要脸，要脸的再怎么权衡轻重，也依然会选择不为五斗米折腰。不论身份如何，一旦做事不讲究、露出其算计贪婪的本性，他再高大漂亮的形象也垮塌了，很多人半道上被朋友疏离抛弃，他还以为是人家辜负了自己，其实更多原因是人家实在看不下去心灵丑的他了。所以，适当要脸，并为要脸放弃一些利益，会让你成为让人尊敬的人。当然有人并不在乎别人是否尊敬他，只关

鱼妙粉评

千万不要以为恋爱的时间越长感情就越深厚，结果往往相反。而且，女人的青春很短，根本耗不起，作再拖下去，会错失更多优质男。@哈熊小二_真身

心别人是否怕他,他只是忘了,祖先因为怕狼虫虎豹,而把狼虫虎豹消灭得目前只有去动物园和保护区看了。

8. 你总是想证明自己,证明自己不是孬种、证明自己人美心好、证明自己交友高档、证明自己亲和单纯、证明自己学识渊博、证明自己靠谱真诚、证明自己能干努力。但你不知道的是,这些其实都不用证明,因为,一件事一句话一段时间的表现都不能证明你,能证明你的是无数件事、无数句话和很长时期以来的你的一贯表现。所以,如果你不能确保自己始终一贯地"装"下去,你就干脆连装也别装了,因为世上还有一种厉害角色同样让人佩服,那就是本色出演,想咋地就咋地,随心所欲。反正即便你劣迹斑斑,只要没有违法犯罪,依然没人能把你咋样。既然没人能把你咋样,你又何必装得这么辛苦,不妨露出你的青面獠牙,用更简单快捷的方式实现你的追求——说来说去这个世界还是包容并蓄的,有天使就有小鬼,如果你是魑魅魍魉之辈,不如打头起就大鸣大放做你想做的,如此至少能让无辜群众打头起就防范你,也不至于将来大家一起恨你。没错,大家最恨的一般不是坏,而是骗。

9. 老祖宗有一条做人准则是"不吃亏也不占便宜"。仿佛这是中庸的另一种解释,看上去是追求平等,其实更体现了"算计精准"的

人渣自有天收,你要做的是放完这个"屁"后过好你以后的日子。@妞子娘 1218

心胸。因为占便宜可能带来"黄雀在后"的吃亏,所以干脆画地为牢,我不占你便宜,你也休想占我便宜,我们各扫门前雪,我们各过各的日子,我们最好一辈子两不相干,也一辈子互不相欠。但人在社会中怎么可能永远不跟人一块儿吧,一块儿就必定有得有失,彼时又该如何计算自己的得失,才不至因为"感觉吃了亏而十分不满呢"?老祖宗为此配套发明了另一条激励机制,即"吃亏是福"。其实吃亏怎么着也不是福,无非是和懂得感恩的人相处时,你先让利给对方,他会记得你的好,会"滴水之恩当涌泉相报"。若付出一滴水就能换来涌泉回报,这等好买卖当然算"吃亏是福"了,不过前提是,你确定对方一定是懂得感恩的人,否则事后你一定会记恨半辈子。相比帮过人家就幻想人家永远给自己做牛做马,貌似"不吃亏也不占便宜"的两不相欠战略更合适心胸狭隘的人。其实我们应该做另一种人,即,我为你付出,这与你无关,只与我自己高兴不高兴有关——若此,也就不在乎对方怎么回报以及有无回报了,吃亏占便宜这事儿也才能彻底从我们的人生信条里消失。

10. 挣钱确实不容易。这世上辛辛苦苦的人很多,但并非每个辛苦的人都有令他们自己满足的收入,就像种地的农民,如果不是水浇地,要靠天吃饭,年成不好时甚至可能收不回种子钱,而且即便赶上丰收年,如果供大于求,也一样换不来理想的回报。各行各业都一样,

---

鱼粉妙评

无论女人多优秀,男人都会腻,腻了就想找新鲜感,所有男人都一样,只是看有没有机会。@呵呵哒WQY

你即便不是农民，你也有无数的竞争者，和无数次老天不成全的白费劲，所以挣钱首要的是选对方向，方向错了，使再多力气也是无用功。方向确定无误了，还得坚持下去，坚持到别人都不再坚持的时候，就该你收割辛苦所得了。因为别人都已放弃，你甚至还有机会把别人耕作了一半的地也一并收了，所谓顺风顺水，就是到了这阶段，你随便干什么都有收获。但在这之前，你真得比所有人都看得清晰、做得认真、等得坚定，不然你让老天怎么发现你的与众不同，又怎么关照你呢？

鱼粉妙评

　　男人们理论：男人出轨肯定是女人有问题啊，颜值够的内在修炼够吗？内在好的颜值够吗？总之都是女人的问题，男人们不会承认自己就是管不住自己的。@言栩宝宝

版权所有　侵权必究

图书在版编目（CIP）数据

没人比我更懂你 / 某顺著. —长春：北方妇女儿童出版社，2019.8
ISBN 978-7-5585-3985-5

Ⅰ.①没… Ⅱ.①某… Ⅲ.①爱情－通俗读物②婚姻－通俗读物 Ⅳ.①C913.1-49

中国版本图书馆CIP数据核字（2019）第134066号

没人比我更懂你
MEI REN BI WO GENG DONG NI

出 版 人	刘　刚
策　　划	师晓晖
责任编辑	熊晓君
特约编辑	刘文莉　赵　瑜　刘程程
封面设计	灵动视线·李莹
开　　本	960mm×640mm　1/16
印　　张	17
字　　数	202千
印　　刷	三河市中晟雅豪印务有限公司
版　　次	2019年8月第1版
印　　次	2019年8月第1次印刷

出　　版	北方妇女儿童出版社
发　　行	北方妇女儿童出版社
地　　址	长春市龙腾国际出版大厦
电　　话	总编办：0431-81629600
	发行科：0431-81629633

定　价　39.80元